카레도둑

카레 도둑

지은이	이현영
인쇄일	2025년 6월 20일
발행일	2025년 7월 7일

발행인	이문희
디자인	김슬기
펴낸곳	도서출판 곰단지
주 소	경남 진주시 동부로 169번길 12, 윙스타워 A동 1007호
전 화	070-7677-1622
F A X	070-7610-2323
전자우편	gomdanjee@hanmail.net
I S B N	979-11-94688-03-7 03800

경남문화예술진흥원
GYEONGNAM CULTURE AND ARTS FOUNDATION

· 이 책은 저작권법에 따라 보호받는 저작물이므로 무단 전재와 무단 복제를 금지하며 이 책 내용을 이용하려면 반드시 저작권자와 도서출판 곰단지의 서면동의를 받아야합니다.
· 이 책은 경남문화예술진흥원 2025 지역문화예술육성지원사업으로 제작되었습니다.

카레 도둑

이현영 수필집

머리글

스무 살의 일기장

스무 살 무렵에 쓴 일기장을 꺼내봤습니다.
50대에 수필을 쓰고 싶다고 적었더군요.
까맣게 잊어버리고 살았습니다.

그때의 내가 지금의 나를 보채서 기어이
수필을 쓰게 한 것일까요.
무모했던 스무 살짜리 계획을 수습하느라 애를 쓴
갱년기로 피가 끓는 오십이 넘은 나를 칭찬합니다.
60대가 되기 전 기한 안에 완료해서 무엇보다 뿌듯합니다.
참, 60대에도 뭐를 하라고 했던데
아무래도 일기장을 묻어야겠습니다.

수필집에 복작복작 모여 사는 남편과 민, 성, 동
그리고 나의 어머니
그 밑으로 줄줄이 불려 나온 진, 주, 경, 민
고맙습니다.
내가 언제, 당신을 사랑한다고 말했던가요?
쑥스러워서 차마 여기서 말하지는 못하겠습니다.
그냥, 오래오래 보면서 밥이나 같이 먹어요.

이현영

차례

머리글 스무 살의 일기장   4

제1장

우리 동네 나라님   11
이십 년 지기 친구   16
냉이 대첩   20
물이 불어났다   25
회 뜨는 여자   29
금세 한 밥   34
숲과 약속을 잡다   38
상한 케이크   42
고양이 밥상 차리기   46
공기놀이   50

제2장

봄이   57
단칸방   61
불친절한 덕분씨   66
껍데기는 가라   70
아무도 섬일 수 없다   73
봄동이랑 꼬막이랑   78
어서 와, 코로나는 처음이지   82
붕어빵   87
빙판길 조심하세요   90
손   94

제3장

어머니에게 편지 쓰기	101
자꾸 웃는 꽃	106
꽃무늬 팬티	111
편한 잠을 위하여	114
나 홀로 꽃놀이	117
얼굴이 긴 여자	121
어미 제비	125
일인 연극	130
재미를 좀 본 밤	136
헌책방 이야기	141

제4장

결혼기념일	149
장다리꽃이 피었습니다	154
찍찍이 운동화	159
숫자는 어렵다	164
그들의 셈법	169
나는 카레 도둑이었다	172
콩밭에서	176
나도 부서질 수 있어	180
마음 내기	184
재수씨와 운명씨	189

제1장

우리 동네 나라님

국수 먹고 싶으면 꼭 가는 식당이 있다. 삼천 원이라 싸서 가고 맛이 좋아서 간다. 하대동 우리 동네도 아니고 옆 동네도 아니고 옆옆옆 동네보다 먼 상봉동이다. 주택가 사이에 있는 국숫집은 간판조차 없다.

신발 벗고 들어가 앉은 방에는 이십 년 전에 내다 버렸을 교자상이 초라하게 손님을 맞는다. 낡은 액자 속 어르신이 벽에서 내려다봐서 드러내놓고 흉도 못 본다. 속으로 구시렁대다 국수 한 사발 받으면 궁색한 교자상도 낡은 액자도 별안간 달리 보인다. 둥글넓적한 그릇에 봉긋 솟은 국수 면발로 마음까지 둥글어진다. 국수 위로 홑이불처럼 덮은 깨소금에 진한 멸치육수 냄새가 더해져 식욕을 돋운다. 남자 손님은 더 많이 준다. 나와 남편이 가면 국수 둘이 아니고 남자 하나 여자 하나라고 주문한다. 남녀 차별이 싫지 않은 국숫집이다.

점심 무렵에 가면 줄을 서기 십상이다. 테이블 하나에 모르는 사람들이 섞이는 게 자연스럽다. 후루룩 젓가락질 몇 번이면 될 테니 내외할 까닭이 없다. 홀로 기다리는 배고픈 손님은 사이사이 자리가 비면 용케 알고 잽싸게 앉는다. 기다리는 줄은 국수 면발처럼 늘어섰다. 들고나기가 늦은 점심까지 이어진다. 오후가 되기 전부터 보는 흔한 풍경이다.

언제 가도 정답게 인사해 주는 국숫집 주인 할머니. 남편은 국물이 짜다고 늘 물 반 컵을 붓는다. 언젠가 국물이 좀 짜다고 값을 치르며 입결에 전했는데 다음에 갔을 때 오늘은 어떠냐고 물었다. 그 많은 사람 중에 음식 맛을 평한 손님을 알아봤다. 고작 삼천 원짜리인데 뭘 더 바라냐, 무시할 법도 한데 맘에 담아두었을까.

국숫집 메뉴는 물국수 하나다. 비빔국수도 없고 냉국수도 없다. 다른 국숫집에서 볼 수 있는 김밥이나 돈가스도 없다. 날마다 육수만 끓이고 고명으로 올릴 나물만 만든다. 손님도 물국수만 먹을 요량으로 간다. 주인은 무엇을 먹겠냐 묻지 않고 앉은 사람은 메뉴를 고르느라 머뭇거리지 않는다.

나박나박 썬 무김치와 풋고추가 반찬으로 나온다. 물국수와 먹으면 얼마나 맛있는지 그 맛이 떠올라 불현듯 입에 침이 고인다. 무김치는 양껏 덜어 먹으라고 앙증맞은 옹기항아리가 테이블마다 앉았다. 풋고추도 달라고 하면 더 준다. 사리도 더 준다. 더 주는데 인색하지 않으니 더 자주 가는데 주저함이 없다.

국숫집에 채소를 납품하는 데가 아는 가게이다. 국숫집 주인은 싱싱한 채소만 주문한단다. 싱싱하면 제일 값이 나갈 터인데 응당 음식을 만드는 사람의 도리쯤으로 알고 있는달까. 그러면서 매번 시들한 채소만 헐값에 가져가는 식당도 있다고 귀띔해 준다. 시들한 식당이 어디냐고 묻진 않았지만 여긴 계속 와도 되겠구나, 속으로 생각했다.

몇 년 전 봉사활동을 마치고 무리 지어 국숫집을 갔다. 계산을 내가 했다. 삼만 육천 원을 내고 크게 한턱 낸 사람처럼 인사를 받았다. 배가 부르도록 먹고 나온 표정들은 비싼 고기 먹은 얼굴과 얼추 같았다. 주머니 사정 염려하지 않고 갈 수 있는 식당이 있다는 건 참 든든하다. 배춧잎 한 장으로 세 사람이 먹고 천 원이나 남으니 얼마나 좋은가.

둘러보면 이런 국숫집만 있을까. 누구나 자기가 단골로 가는 푸지고 맛난 식당을 알고 있으리라. 우리는 이사를 자주 하는 바람에 단골 식당들을 남겨두고 와야만 했다. 그때 식당들이 그리우면 오랜 동무 부르듯 식당 이름을 불러보는 무용한 놀이를 한다. 입맛을 쩝쩝 다시며.

양이 후하면서 맛까지 좋은 식당들은 주인의 품성과 비례하는 듯싶다. 그들의 후덕한 마음 씀씀이의 결과물이 그들이 내놓은 음식일 터이다. 배고파서 들어온 손님이 돈이 궁할지라도 제대로 먹여야 한다는 사명감이 있는 게 아닐까.

십여 년 전 시골에 살면서 날마다 도(道)를 벗어나 일을 나갔다. 집에서 사십 분 넘게 떨어진 일터는 말씨부터가 달라서 시간이 지나도 쉬이 정을 붙이지 못했다. 점심값을 아껴볼 요량으로 도시락을 싸다녔는데 그날은 바빴는지 챙기지 못했다. 오전 내내 집집을 다니다가 밥때가 되었다. 몹시 시장했으나 번듯한 식당에 들어가기엔 돈이 아까웠다.

점심이야 점만 찍으면 된다고 여겨 김밥집에 들어가 한 줄을 주문했다. 막 싸고 있는 사람에게 다가가 오백 원을 더 줄 테니 좀 넉넉한 김밥을 부탁했다. 과연 여느 김밥보다 내 몫은 통통했다. 오백 원을 더한 값을 내밀었다. 주인은 원래 값으로 쳐주었다. 나는 그럴 순 없다고 극구 돈을 내밀었지만, 주인은 냉정하리만큼 단칼에 거절했다. 졸지에 입 한번 잘 놀려 같은 값에 배가 웃을 만치 먹었다.

배고픈 사람에게 고봉밥을 퍼주고 값은 똑같이 받았다. 셈에 서툰 주인이었다. 온기를 품은 김밥은 배가 부를수록 가게 주인에게 향한 고마움이 부풀어 갔다. 아직도 김밥집을 지나면 값을 덜 치른 두툼한 김밥이 떠오른다. 그 시절, 아침에 나와 캄캄한 밤이 되어서야 들어가는 형편이었다. 삼 남매가 알아서 저녁을 먹고 알아서 숙제하고 드물게는 알아서 잠자리에 들어야 했던 퍽퍽한 나날이었다. 식구들 배를 채우기 위해 일을 했으나 종종 나는 주린 배로 귀가하기 일쑤였다. 그날은 푸지게 먹은 김밥 한 줄로 저녁까지 허기지지 않았다.

가난은 나라님도 구제 못 한다고 했다. 나라님도 어찌지 못한다는 가난을 가뿐히 제쳐버리는 식당 주인들이 존경스럽다. 그들은 동네를 지키는 삼천 원짜리 나라님이다. 맛을 제대로 낼 줄 아는 그들은 양을 줄이거나 아니면 가격을 올릴 수 있다. 그러면 나는 배춧잎 하나 펄럭이며 양옆 친구와 팔짱 끼고 으스대며 갈 수 없다. 그들의 이익만 챙긴다면 메뉴판 첫 숫자는 물가 인상에 따라 3에서 4로 5로 급기야 6으로 7로 바뀌어서 나를 슬프게 하겠지.

 코로나가 시들해져서 간만에 찾은 국숫집 벽에는 새로이 '물국수 사천 원'이라고 붙어있다. 숫자 하나 고치는 게 뭐 그리 어렵다고 몇 년을 게으름 피워 겨우 천원이 올랐을까. 쓰다 보니 국수가 간절해진다. 몸이 나른해지니 남이 해준 한 그릇이 그립다. 배춧잎 꼬깃꼬깃 휴대폰 지갑에 꿍쳐둔 걸 펼쳐볼까. 나라님 평안하신지 문안도 여쭙고 말이다.

이십 년 지기 친구

찻주전자를 만난 지 어느덧 이십 년이 지났다. 천냥백화점이나 DC 마트라는 간판을 올린 잡화점이 성업 중일 때였다. 친구도 유행 따라서 가게를 열었는데 그곳에 찻주전자가 있었다. 잡다한 가재도구가 진열된 가게여서 눈요기로 족했지만, 개업 집이라 인사치레는 해야 했다. 고르고 골라 집어 든 게 찻주전자였다.

스테인리스 주전자. 손잡이는 흰 바탕 도기로 파란 나비 떼가 날아다니고, 뚜껑에 붙은 대추만 한 손잡이 역시 도기로 감싸졌다. 몸통 한가운데 볼록볼록한 꽃다발이 양각으로 새겨진 게 돋보였다. 바닥 지름이 15센티 정도라 누가 보아도 차 마실 때 요긴할 것으로 보였다. 조그마하면서도 귀티가 나는 게 한눈에 들어왔다. 막 쓰는 양은 주전자와는 사뭇 달랐다. 주방에 두면 혼자 튀어서 다른 주방용품들과 겉돌 정도였다. 작업복 차림 사람들 사이에 혼자 원피스 입고 화장한 아가씨 같달까. 나의 찻주전자, 첫인상은 그랬다.

신접살림으로 들였던 배불뚝이 주전자는 보리차 물을 끓일 때

안성맞춤이다. 여분의 주전자를 사기엔 사치스레 보여 딸막딸막 하던 참이었다. 평소 같으면 어림없는 지출인데 이럴 때 질러버리면 명분이 뚜렷해진다. 식구들 것은 별로 재지 않는데 내 것 살 때는 열 번도 들었다 놨다 한다. 내 몫의 물건을 사긴 참 간만이었다.

찻주전자는 가끔 닦기만 해도 광이 살아났다. 문지르는 대로 윤을 내어주는 게 재미나서 찻주전자 닦는 데 공을 더 들인다. 냄비들 입장에선 주인의 편애를 시샘했으리라. 이리 쉴 새 없이 닦아주었으면 요술램프 속 지니쯤은 나와줘야 맞지 않을까.

찻주전자가 불 위에 오르면 잉그르르 시동부터 건다. 뿌르르 끓으면 종지 그릇보다 작은 뚜껑이 벌렁벌렁 방정을 떨고 주둥이에 붙은 새끼손톱만 한 덮개까지 들썩이며 야단도 아니다. 손잡이에 그려진 나비들은 뜨거워서 날개를 파닥댄다. 행주로 손잡이를 감싸 불판에서 구해내야 나비들은 잠잠해진다. 한껏 달궈진 주전자를 식구들이 어줍게 건드리다가 화들짝 놀라는 때가 있다.

이십 년 지기면 제법 자랑할 만한 연수이다. 식구들은 이제 버리자며 꼬드기지만, 찻주전자를 안고나서는 까닭은 따로 있다. 한낱 주전자가 더는 아니어서다. 물건에서 친구로 도타운 사이가 된 지 제법 되었다. 유행가처럼 비가 오나 눈이 오나 바람이 부나 함께였다. 온기를 얻고자 한 잔, 빗소리를 들으며 한 잔, 흐린 날 몸이 노작지근하면 찻물을 많이 끓여 거푸 따라 마셨다. 오롯이 곁을 지켜주는 친구는 찻주전자이니 진정한 나의 반려물(物)이다.

찻주전자를 들였을 때 나는 커피믹스에 빠져 있었다. 식후담배 한 모금이 간절한 애연가처럼 상을 물리고 마시는 커피 한잔이 좋았다. 맛있는 커피를 위해서 애피타이저로 밥 먹을 정도였으니 말해 뭐할까.

손님과 마주 앉을 때 찻주전자는 중개자처럼 가운데 착석한다. 내밀한 용건을 꺼내기 전 차로 목을 축이면 속이 보드라워져 입 떼기가 쉬워진다며 부추기는듯하다. 두 손으로 감싸 쥔 찻잔에 품고 있는 말들이 얼비친다. 얘기를 귀담아들어야 할 나도 자리를 고쳐 앉아 한 모금 홀짝이면 절로 숙부드러워져 귀가 반짝 열린다. 뜨거운 옹달샘 물을 나눠마셨으니 두 마음이 하나로 모일 수밖에 없다.

찻주전자의 생김새는 첫날처럼 본디대로지만 광택이 예전 같지 않아 안쓰럽다. 아무리 힘을 줘 닦아도 반흔 같은 얼룩은 퍼져만 간다. 더께가 눌러앉을 새 없이 닦지만 역부족이다. 세월도 어쩌지 못하는 지점에 이르렀다. 물리적인 힘으로 해결되지 않아 볼 때마다 눈에 밟힌다. 탄력 잃은 노인 얼굴에 드리운 검버섯을 닮았다면 벗에게 실례되는 말일까.

주전자에 수명이 있다면 이 친구는 백수를 누렸겠다. 코팅이 벗겨진 프라이팬이나 금 간 사기그릇은 그날로 갈무리된다. 찻주전자는 아직도 물 끓이는데 손색없고 손잡이도 짱짱하다. 거뭇거뭇한 얼룩이 보일 뿐인 것을 내칠 까닭이라곤 도무지 없다.

모건 프리먼이나 토미 리 존스 같은 외국 배우는 흉하다 싶은 패인 주름이나 우둘투둘한 피부를 화면으로 보여준다. 분장으로 가릴 만도 한데 여과 없이 드러낸다. 또 다른 배우는 자기 주름을 가까이 찍으라고 되려 주문한다. 삶의 흔적이고 치열하게 살아온 증표라며 노익장을 과시한다. 아름다운 뽐내기는 절로 존경심을 자아낸다.

며칠 전 요리조리 살펴보니 뚜껑 도기 부분에 실금이 보인다. 자세히 보아야 알겠지만 실금은 불순물이 끼다가 어느 날 산산조각날 수 있다. 더는 일을 못 해 어리바리해지면 불 위에 오르는 일은 그만둬야겠지.

찻주전자는 물을 끓이는 일이 처음 맡은 일이자 마지막 임무이다. 누군가에게 한때 뜨거운 존재였던 안도현의 연탄재 못지않게 찻주전자도 열정만 따져봐선 둘째가라면 서럽다. 아직도 내 친구가 나를 위해 힘 내주길 욕심을 내본다. 마지막 불꽃을 피워보라고 오늘도 세신사가 되어 살뜰히 벗의 몸을 닦아준다.

냉이 대첩

 이월이 다가올 즈음 냉이 생각이 자꾸 났다. 한적한 들판에서 냉이를 실컷 캐고 싶은 소소한 욕구에 조바심이 일었다. 어디에나 있는 듯해도 막상 찾으려면 좀처럼 안 보이는 게 쑥이나 냉이 같은 푸성귀다. 도시 외곽에 사는 지인에게 냉이가 올라오냐고 물었더니 반응이 시큰둥했다. 농사짓는 이웃 쪽 상황도 비슷했다. 냉이 캐기는 꽃대가 올라오면 끝난다. 몇 해 전, 모처럼 찾아간 들판이 절반 넘게 냉이꽃으로 바뀐 터라 재미를 못 보고 돌아왔다.
 이월로 접어든 첫 휴일 오후, 남편은 연일 냉이 타령인 아내 입을 막으려는 속셈인지 냉이를 캐러 가자고 먼저 말을 붙였다. 집에 있으니 갑갑한 마음에 바람 쐬러 가자는 말이겠지 싶어 따라나섰다. 그러면서 칼이며 큰 봉지까지 챙겨 든 속내는 뭘까. 운전대를 잡은 남편은 점찍어둔 데가 있기라도 한 듯이 자신만만하게 차를 몰았다.
 고요한 시골로 접어들었다. 이름도 낯선 마을에 들어서서 꼭대기 집까지 유유히 차를 몰고 올라가서는 곧장 빠져나왔다. 땅에 발을 딛지도 않았으면서 이 마을에는 냉이가 없다고 섣불리 판단한다. 한 달 정도 지나면 키가 자란 냉이꽃들이 '나 여기 있지롱!' 하며 쑥 올라올 게 뻔하다. 다시 차는 달렸다. 마음이 끌리는 외진 곳에 무작정 정차하고 나만 내려서 길섶 둘레를 톺아보았다. 작은 연못이 보였다. 해바라기하러 나온 새들이 인기척에 놀라서 날아갔다. 술래에게 들켜 흩어지는 아이들처럼.

큰 정자나무가 장승처럼 서 있는 마을에 닿았다. 들머리에서 영락없이 냉이가 있겠다 싶은 데를 발견했다. 쪼그리고 앉아 잎을 떼서 냄새를 맡아보았지만 냉이 향이 안 났다. 미심쩍더니 역시 아니었다. 예전에도 생긴 건 냉이인데 향이며 뿌리까지 다른 풀을 보았다. 오랜만에 또 속았다.

엉거주춤 앉아 절을 하는 듯한 내 모습을 보고 낡은 트럭이 멈춰 섰다. 60대 초반의 농부가 냉이 캐러 왔냐며 대뜸 물었다. 캘 만한 데가 있다고 따라오라며 부러 차를 후진했다. 우리를 초대한 데는 마늘밭이었다. 긴 고랑이 다섯 개 정도인 제법 큰 규모의 밭이다. 두 번째와 세 번째 고랑 사이에 무더기무더기 초록 풀들이 가득했다. 키를 낮춰 살펴보니 찾아 헤매던 냉이였다.

개쑥갓과 개불알풀 그리고 냉이가 어울렁더울렁 있는데 냉이가 압도적으로 많았다. 내 눈에는 마늘밭이 아니라 냉이밭이다. 그것도 너무나 잘 자란 냉이다. 크기도 알맞고 빛깔도 햇살에 잘 그을린 그럴 수 없이 최상품이다. 나는 땅에 납작 붙은 딱지 같은 모양새를 으뜸으로 친다. 농부는 처음 보는 아줌마의 호들갑이 흐뭇한지 연장까지 창고에서 두 개나 내어줬다. 시골 인심이 좋다는 말은 옛말이 아닌 참말이었다.

더할 나위 없이 너른 냉이밭. 몇 년 쉬었던 냉이 사랑을 오늘 하루로 만회할 참이었다. 이게 뭐라고 가슴이 설레었을까. 끝이 뾰족한 연장이 닿으면 겁먹은 흙은 순순히 냉이를 내어주었다. 겨울 기운이 가시지 않은 때였지만 흙은 카스텔라처럼 폭신했다. 아침부터 햇살이 구슬려 난 뒤라 흙은 퍽 순했다. 심심할 겨를이 없었다. 마구마구 캐서 봉지에 담아나갔다. 땅 짚고 헤엄치듯 쉬웠다. 한 자리에서 몸을 시계방향으로 째깍째깍 돌리면 금세 한 가득 차버렸다. 냉이 뿌리는 리본을 묶어도 될 만큼 길었다.

라디오 소리가 들렸다. 비닐하우스를 지나가면 쩌렁쩌렁하게 소리를 크게 틀어놓는 곳이 많더니 여기도 마찬가지였다. 두 눈이 냉이를 확인하면 손은 냉이를 캐고 귀는 라디오 소리에 꽂혀 신체는 일사불란하게 움직였다. 입마저 한 박자 굼뜨게 움직이는 남편을 채근하는 데 나섰다. 노동요를 들으며 일해서인지 흥이 절로 났다. 라디오에서는 가수 김연자가 '아모르파티'를 라이브로 부르고 있었다. 나는 속으로 냉이 파티로 개사해서 불렀다.

실컷 캐고 또 캐도 처음과 달라 보이지 않는 냉이밭. 땅은 언제나 차고 넘치게 내어준다. 씨 하나가 흙과 만나서 도모하는 꿍꿍이는 사람 따위는 엄두도 못 낼 도량이다. 사람과 짐승이 나눠 먹고 그러고도 남아서 흙으로 돌아간다. 나에게 간택되지 못한 냉이들은 이내 곱살한 꽃으로 마늘밭을 덮을 것이다. 소금을 뿌린 듯 핀 게 메밀꽃만은 아닐 터이다. 봄바람이 불면 분분히 날릴 꽃잎 한 장 없을 냉이꽃이다. 그럴지라도 나울짝나울짝 속없이 웃을 냉이꽃들이 그려진다.

냉이밭이 1차 작업장이면 집은 2차 작업장이다. 숨고르기 할 틈이 없다. 두 사람이 들고 온 묵직한 냉이 봉지를 김장 전용 대야에 펼쳤다. 얼마나 꾹꾹 욱여넣었는지 발효된 반죽 덩이처럼 어마어마하게 부풀었다. 냉이부터 씻었다. 재빠른 손놀림에도 흙이며 찌꺼기는 끝도 없이 나왔다. 밤새 씻어도 나올 기세다. 냉이 뿌리는 씻을수록 제 색을 찾아서 하얀 명주실 같았다.

거저라고 사족을 못 쓰고 달려드는 바람에 야간 작업도 불사했다. 거실에서 뽀득뽀득 세수시킨 냉이가 든 바구니를 옆에 끼고 퍼질러 앉았다. 한 땀 한 땀 누런 잎이나 지푸라기를 뗐다. 지긋지긋한 가내수공업이네, 개미지옥이네 하는 푸념이 추임새다. 찌릿한 어깨 통증을 스스로 끌어안은 고단한 저녁이 깊어만 갔다.

이런 사태를 미리 간파한 여우 같은 아내는 막걸리를 준비했다. 술 힘으로 이겨내야 할 만큼 냉이 손질은 버거웠다. 술안주로 냉이고추장무침을 내놓았다. 남편이 냉이국이나 찌개보다 좋아하는 냉이 반찬이다. 거나하게 한 잔씩 들이켜고 다시 냉이와 씨름했다.

모든 나물이 그렇듯 사람 잡아먹게 많아 보이지만 데쳐보면 양이 턱없이 쪼그라든다. 냉이도 예외일 순 없다. 도둑맞은 느낌이

들 정도로 줄어들어 허탈했다. 데친 냉이보다 더 풀이 죽은 내가 한마디 했다.

"애개개, 데치니까 얼마 안 되네. 여보! 주말에 한 번 더 갈까?"
"마, 됐다. 냉이만 먹다 죽을 끼가!"
"그래그래, 내년에 가자."

점심 먹고 가벼이 집을 나서 냉동실에 차곡차곡 포개어 넣는 것으로 냉이 대첩은 끝났다. 시계를 보니 밤 열두 시가 넘었다. 두고 온 냉이들이 눈에 밟히지만 일 년에 한 번 하는 연례행사로 마무리했다. 남편의 말이 백번 맞는다. 먹거리가 어디 요것만 있을까. 냉이밭을 빠져나오면서 두릅이며 엄나무 순이 삐죽삐죽 올라오는 걸 벌써 봐뒀는데 뭘.

물이 불어났다

　하동 화개면 계곡을 한여름에 갔을 때 일이다. 가도 가도 계곡이고 사이사이 사람들로 빼곡했다. 해수욕장이 물 반 사람 반이라면 계곡은 바위 반 사람 반이었다.
　우르르 쾅쾅. 다리 밑에 짐을 풀자마자 하늘에서 큰기침 소리가 나더니 비가 쏟아졌다. 무더위에 소나기는 그리 놀랄 일이 아니기에 이내 그치지 싶었다. 이번에는 달랐다. 점점 강도가 더해질 뿐이었다. 텐트를 치고 유유자적하던 사람들이 몸을 일으켰다. 무슨 큰일이 나겠냐는 심드렁한 표정이었다. 우리 일행도 마찬가지였다. 같이 간 이웃들은 십 년 넘게 한 자리에서 물놀이하던 선수들이라 눈썹도 까딱 안 했다.
　하늘이 심기가 불편하든 말든 땅에 발을 붙인 우리는 점심을 먹으려고 일사불란하게 움직였다. 차가 밀려 길에서 시간을 낭비해 허기를 면하는 게 급했다. 만약을 위해서 비가 들이치지 않을 자리로 옮긴 게 다였다. 딴에는 제법 높고 안전한 곳으로 이동한 터였다.

불판을 달구어 삼겹살을 구웠다. 고기가 반쯤 익을 때 빗줄기가 더 굵어졌다. 센 물살에 돌멩이들이 때굴거리는 소리가 들렸다. 심드렁했던 사람들이 부산스럽게 짐을 챙겼다. 우리는 다리 밑 높은 곳에 자리 잡은 것을 자못 지혜로운 처사라 여겼다. 살림을 죄다 옮겨왔는데 또 한 번 짐을 꾸리고 텐트를 접었다 펴는 짓은 그만하고 싶었다. 옆집이 이사해도 동요하지 않았다.

상추를 펴 노릇한 삼겹살을 올리고 마늘에 쌈장까지 야무지게 찍어 먹었다. 다리 위로 떠나는 사람들을 상추쌈을 우적우적 씹으며 극장 스크린 보듯 감상했다. 하늘을 보니 먹구름이 시나브로 걷히고 있었다. 이럴 줄 알았다며 꿋꿋이 자리를 지키길 잘했다고 한껏 서로를 추켜세웠다.

고기를 굽기 전에 경보 사이렌이 울리긴 했다. 계곡물에 들어간 사람들 나오라는 경고겠거니 넘겼다. 삼겹살을 빨리 익히는 게 일생일대의 과업 인양 초집중했다. 천둥 번개, 계곡물 소리, 사이렌 소리, 여기에 지글지글 삼겹살 구워지는 소리는 불협화음인 듯 묘하게 어우러져 식욕을 더 부추겼다. 한술 더 떠 컵라면으로 입가심하기로 한 터였다.

물살에 휩쓸려 플라스틱 쟁반, 라면, 모자, 튜브, 참외, 오이 같은 것들이 둥둥 떠갔다. 물살이 약하면 저것들을 건지는데 하는 아쉬움에 입맛만 다셨다. 모락모락 연기 나는 컵라면에 젓가락질을 시작했다. 두어 번 입에 넣어 오물거리고 세 번째 젓가락질에 고개를 드는 순간, 장면이 돌연 바뀌었다.

물이 불어났다. 물살이 점점 세지고 있었다. 찰나였다. 급물살을 탄다는 관용구를 지켜보는 순간이었다. 그제야 인간으로 돌아왔다. 물살이 소쿠라져 다리 아래를 삼켜버릴 것만 같았다. 먹던 컵라면을 집어 던지고 짐을 쌌다. 몸집을 잔뜩 키운 괴물은 먹자판을 연 우리가 표적인 듯 돌진했다. 무소불위의 권력을 행사할 기세였다. 물살에 휘말린다면 떠내려가던 플라스틱 쟁반이나 참외, 오이와 다를 게 없었다.

텐트를 접고 짐을 챙겨 나가는 우리 움직임도 만만찮았다. 서로 다른 속도끼리 접전이었다. 남편은 아이들을 달랑 들어 먼 곳으로 던지다시피 올렸다. 경사가 가팔라서 다리 위로 엉금엉금 기어 가까스로 올라갔다. 간발의 차이로 몸을 빼냈다. 그새 더 불어난 괴물은 우리를 덮치려고 끝까지 혀를 날름거렸다. 다리 위 사람들의 시선이 느껴졌다. 실상, 영화를 감상하는 쪽은 다리 위 사람들이었고, 우리가 배우였다.

한숨 돌리고 고기 굽던 자리를 눈으로 찾았다. 계곡물이 우리 둥지를 밀어버렸다. 입안에 아직 컵라면 냄새가 나는데 옷에는 채 빠지지 않은 삼겹살의 엷은 기름내가 나는데 도대체 어디서 먹었던 것일까. 졸지에 집을 잃은 난민처럼 어안이 벙벙한 채 아래를 한참 응시했다.

해마다 계곡에 놀러 간 사람들이 물에 빠져 죽거나 실종됐다는 기사를 접한다. 바다처럼 넓은 데도 아닌데 사고를 겪는 사람들이 이해되지 않았다. 이제 입이 쏙 들어간다. 계곡물의 공포를 몸소 경험하니 우리도 별반 다르지 않았다.

재난 영화 한 편 찍고 빠져나오다가 계곡 방향으로 달리는 소방차 여러 대를 보았다. 뒷날, 우리가 놀던 언저리에서 두 명이 실종됐단다. 간담이 서늘했다. 컵라면을 꾸역꾸역 다 먹었다면 두 명이 아니라 어제 함께한 일행의 숫자가 보태져 나왔을지 모를 일이었다.

위험에 둔감해지거나 익숙해져서 위험하다는 자각을 못 하는 안전불감증. 설마가 사람 잡는다는 속담은 이래서 나온 말이지 않을까. 매사에 띄엄띄엄 사는 나는 '설마, 뭔 일 나겠어? 다들 너무 겁먹는 거 아니야? 에이, 너무 몸 사리지 마!' 따위의 둔한 감각에 사로잡혔다. 계곡에서 경고를 발하는 사이렌 소리를 무시한 것은 명백한 안전불감증이었다.

설사 경고가 오보라고 해도 안 일어나면 다행이지 않은가. 과유불급이라지만 안전불감증보다 안전과민증 쪽으로 기울어지는 게 신상에 이롭다. 공사장 여기저기에 심지어 안전모에도 새겨진 안전제일은 회사 로고가 아니다. 문자 그대로 안전이 제일임을 뜻한다. 천하를 얻고도 목숨을 잃으면 아무 소용이 없다. 재난 영화 여주인공이 되었던 그날의 일은 내 삶을 한 번 더 단단히 조여주는 터닝포인트가 되었다.

회 뜨는 여자

 토요일 오후, 회를 사러 가서 눈물을 흘렸다. 회가 양파처럼 매웠던 것도 아니고 회를 손질하는 옆에서 얼쩡대다 칼에 베인 것도 아닌데 회를 사러 가서 울었다. 더 정확히는 회 뜨는 여자 때문에 울었다.

 단골로 가는 횟집을 오랜만에 찾았는데 어쩐 일이지 젊은 여자가 손님을 반겼다. 비닐 앞치마를 두르고 무릎까지 오는 파란 장화를 신은 여자였다. 병아리 우장 쓴 것처럼 몸에 맞지 않은 어정쩡한 차림새였다.

 어서 오세요, 인사를 받는 순간 살짝 어눌한 발음이 외국인임을 알아차렸다. 가게 안쪽 한 사람 누울 크기의 방에는 늘 나를 맞았던 주인 여자가 편히 앉아있었다.

 "한국 사람이 아닌가 봐요."

 "베트남."

 베트남 사람이라는 말도 아니고 베트남에서 왔다는 말도 아니고 그냥 '베트남'이라 한다. 중국산 고춧가루, 노르웨이산 고등어,

북한산 고사리를 말할 때처럼 물건의 원산지를 뜻하는 말맛이었다면 지나친 비약일까.

"회 손질을 직접 하네요?"

"나보다 잘한다, 그쪽 사람들이 칼을 잘 쓰더라고, 금방 배우더라, 나는 이제 팔이 고장 나서 손 뗐지."

우리 둘은 드라마를 보듯 회 뜨는 여자 뒤통수를 보며 말을 이었다.

"젊은 사람인데 결혼해서 왔는가요?"

"그렇지, 스물에도 남편 하나 보고 오잖아."

"근데 나와서 돈벌이를 해야 하나 봐요."

"아이고, 저 애 알고 보면 불쌍하다. 네댓 살 되는 아들만 보고 산다. 남편이 죽었거든."

"남편이 남겨둔 것도 별로 없나 보죠."

"남기기는 뭘 남겨. 이혼 소송 중에 죽어버렸는데 그놈의 영감탱이 이혼 소송 때 재산 다 빼돌려놓고, 이혼을 하니 마니 하는 그 난리 통에 죽어서 하나도 못 받고 달랑 애만 건져서 나온 거지."

"그럼, 애는 누가 돌봐요? 토요일도 엄마가 일하고 있는데."

"어린이집에 맡겼지, 토요일도 늦게까지 봐주는 데가 있더라고."

그즈음부터였겠다. 가슴 속 저 밑에서부터 저릿저릿해지기 시작한 때가. 뒤에 앉아서 회를 뜨는 처음과 끝을 모두 보았다. 뒷모습에도 표정이 있다고 하더니 과연, 앳된 얼굴이 뒷모습에까지 묻어났다. 청바지에 흰 티 한 장으로도 예쁠 나이에 능숙히 회를 뜨는 솜씨는 보고 있어도 어색하기 짝이 없었다. 노련하게 회를 뜨기까지 손 여기저기에 생채기도 수시로 났겠다.

무심한 듯 줄곧 한 곳에 눈을 주고 있으니 옆에 바짝 앉은 주인 여자는 심심하던 차 잘 되었다 싶었을까. 내 귀에 시시콜콜 회 뜨는 여자 면면을 얹어주었다. 나는 점점 침몰하는 배처럼 가라앉아 갔다.

본 적도 없는 그녀를 닮은 눈이 커다란 아이가 어룽댔다. 횟집 일이 끝나면 생선비린내에 찌든 모습으로 달음질치듯 어린이집으로 달려가 제 아이를 찾겠지. 맞잡은 손 탓으로 단풍잎 닮은 아이 손에도 엄마의 향수 같은 생선비린내가 풍기겠지. 찬밥처럼 담겼던 아들을 데리고 총총히 걸어가 어디에 있을 방문을 열고 불을 밝히겠지. 춥고 싸늘한 네모 상자의 큼큼한 방 냄새도 내 코에 훅 끼얹어진다. 자신을 반쯤 닮은 아들에게 애써 웃어 보이며 한국말인지 베트남 말인지 아니면 그 중간쯤 말인지 모를 엄마의 말로 방안 공기를 데우겠지.

묵직하게 채운 스티로폼 도시락을 건네받았다. 계산까지가 그녀 일이란다. 값을 치르며 한 장을 따로 아이 과잣값으로 손에 쥐여주려 했다. 그녀는 주인을 빤히 쳐다보며 한사코 거절했다.

"얘 과잣값이라 주신다잖아. 받아라, 고맙습니다, 하고 받아라."

그제야 말 잘 듣는 아이처럼 못 이기는 척 받는다.

그런데 나는 왜 그랬을까. 순간, 모든 게 흐릿해져 버렸다. 말도 흐릿하고 눈앞까지 흐릿해졌다. '아이 과자 사 주세요'라는 그 짧은 말도 제대로 입 밖으로 내지 못하고 한국말이 서툰 그녀보다도 어버버댔다. 횟값을 치르면서 그녀 얼굴도 제대로 보지 못했다. 각본에도 없는 대사를 한 배우처럼 겸연쩍어 가게를 급히 빠져나왔다. 앉아있는 내내 가슴 저 밑에서부터 시동을 걸던 물컹한 무언가가 드디어 도착을 알렸기 때문이다.

급기야 터져버렸다. 한번 터지니 달리 억누른다고 될 게 아니었다. 자연스레 흐르니 자연스레 마르길 바랄 뿐. 재래시장을 헤집고 버스 정류장까지 빨간 토끼 눈으로 버스를 탔다. 선글라스 덕으로 이상히 여기는 사람은 없었으리라. 그새 눈물샘은 제 할 일을 하고 문을 닫았다.

'왜 울었어?' 누가 묻는다면 나는 할 말이 없다. 의미 없는 질문이고, 그러니 나는 답을 준비하지 않겠다. 딸아이와 엇비슷한 또래라서 감정이입이 넘친 탓이겠지. 남편 없이 타국에서 아들 하나 데리고 사는 어린 엄마의 고단함이 뻔히 그려졌을 테니 그랬겠지. 주책맞은 눈물은 몇 달이 지나도 그 일만 떠올리면 어김없이 물기가 올라왔다.

베트남 엄마는 나약해 보이지는 않았다. 손님을 보고 웃으며 반길 줄도 알고 회도 잘 뜨고 아들도 건사하는 강단 있는 여자였다. 남편이 없는 남편의 나라에서 이 정도 영악함이면 뭐든 잘할 터이다.

들꽃 중에는 외래종으로 들어와서 귀화식물로 이 땅에 뿌리를 내려 커가는 식물이 많다. 토종식물을 밀어낼 만치 넉살이 좋아 문제가 될 정도다. 그녀도 부디, 그러길 바란다. 다음에 갈 때는 베트남에 사는 큰언니에게 배운 인사말로 말도 걸어봐야겠다.

금세 한 밥

일요일, 돼지갈비 김치찜을 해서 친정에 갔다. 먼저께 어머니가 잘 드시는 게 떠올라 다시 해봤다. 아침을 시리얼로 때운 아이들은 점심 무렵에 도착하자 배고프다며 징징거렸다. 작은언니는 회를 장만해 왔고 애들 몫으로 치킨도 배달시켰다. 구색이 다 갖춰져 상만 차리면 되었다. 딱 하나만 빠졌다.

밥이다. 어머니는 우리가 오는 시간을 미리 알았는데 우리 식구가 들어서는 걸 보고서야 독에서 쌀을 펐다. 밥을 퍼도 모자랄 판에 쌀을 푸고 있었다. 불린 쌀도 아닌 생쌀을 천천히 아주 정성스레 씻기 시작했다. 하나도 달라진 것이 없는 너무나 익숙한 장면이다.

아버지는 살아 계실 때 밥 때문에 자주 역정을 냈다. 퇴근해서 집에 오면 번번이 어머니는 저녁밥이 늦었다. 성질 급하기로 동네에서 상위권에 가뿐히 들 만한 남편인데 비위를 통 맞추지 못했다. 급한 아버지와 느긋한 어머니는 매번 충돌했다. 아버지는 집에 돌아와 큰방으로 들어가면 어머니가 곧장 뒤따라 밥상을 들고 오길 원했다. 이 그림도 다소 비정상적이긴 하다만 허기가 덕지덕지 붙은 아버지 얼굴을 보면 이해가 안 되는 건 아니었다.

아버지는 바깥 음식을 잘 먹지 못하는 사람이었다. 그러니 집밥에 의존할 수밖에 없었다. 고된 건축일에 점심도 걸렀다면 저녁 쯤엔 뱃가죽이 등에 붙었을 즈음이다. 온 신경이 곤두서 심사가 뒤틀리고 날이 섰을 법하다. 그럴싸하게 구색 갖춘 칠첩반상보다 당장 허기를 채워줄 밥이 더 중했다. 아버지의 소소한 바람을 귀에 딱지 앉게 들었으나 어머니는 들어주지 못했다. 아니, 들어주지 않았다. 그때는 전기압력밥솥이 없었던 시절이라 압력밥솥에 쌀을 불려 가스 불에 밥을 했다. 아버지가 들어오면 그제야 가스 불에 올려둔 압력솥을 끓게 했을까. 아버지 성격에 어지간히 애가 탔겠다.

아버지는 앉아서 안절부절 기다리다 주섬주섬 차리고 있는 밥상을 낚아채서 안방으로 들고 가는 일이 잦았다. 밥을 채 퍼지도 않았는데 밥이 빠진 밥상을 달랑 들고 날랐다. 얼굴은 이미 붉으락푸르락해졌다. 잇따라 요리조리 모양을 다듬은 밥공기를 쟁반에 받쳐 들고 가는 어머니가 있었다. 그 와중에도 경박하게 잰걸음 치지 않는 어머니다. 거의 날마다 보는 진풍경이지만 그러려니 보아 넘길 수가 없었다. 처음인 듯 익숙해지지 않았다. 아버지의 거센 목청과 별 대수롭지 않게 받아치는 어머니의 풀죽은 음성이 빚어내는 불협화음. 살얼음판 위 옴짝달싹 못 하는 아이처럼 오 남매는 아버지 밥상으로 마음이 쪼그라드는 날이 많았다.

우리는 아버지가 원하는 대로 밥상을 차려두고 들어오면 바로 드시게 하자며 어머니에게 애걸복걸 청을 넣었다. '다 식은 걸 어찌 먹게 해!'라며 보채는 우리에게 일갈했다. 어머니의 철칙은 된장은 보글보글 끓어야 하고 밥은 모락모락 김이 나야만 밥상의 품격이 완성되었다. 부모님 싸움의 절대적 지분은 밥이었다.

밥으로 마음을 졸였던 유년시절을 보냈으나 나는 꽤 긍정적으로 발전한 셋째딸이다. 어째도 밥은 전기밥솥이 하는 것이니 언제나 밥을 미리 해둔다. 밥솥에 없다면 냉장고에 찬밥 냉동실에 얼린 밥이 있다. 어떨 때는 새 밥을 해서 냉동으로 여러 덩이 여분을 만든다. 내 사전에 밥 품절은 없다는 한이 설인 의지가 있어서다. 지금은 즉석밥까지 비상식량으로 갖추어 24시간 밥은 대기 중이다.

가게에서 두 끼나 해서 먹는다. 12시쯤 점심을 먹는데 일에 따라 남편이 늦을 때가 있다. 늦어질수록 허기가 가중될 테니 잔뜩 긴장한다. 오면 바로 먹을 수 있게 만발의 준비를 한다. 반쯤 끓여둔 찌개에 밥도 먹기 좋을 만큼 식게 해 둔다. 다른 일 하면서도 유리문에 눈과 귀를 두고 있다. 남편 차가 들어서면 엉덩이에 불이 덴 사람처럼 튕겨서 부엌방 가스 불부터 올린다. 재빨리 수저를 놓고 남편이 손을 씻고 나오면 바로 젓가락질을 하게 서둔다.

아버지같이 남편이 보채는 성격도 아닌데 유년의 기억은 나를 이런 아내로 만들었다. 어쩌면 아버지의 급한 성격을 닮은 딸은 나인지도 모른다. 남편이 아버지처럼 '아직, 밥 안 됐나?' 그럴까 싶어, 지레 앞질러 급히 요리하고 급히 차려낸다. 바삐 설치느라 긴장이 풀려서 설거지만 좀 미루는 편이지만.

　이번에도 역시 우리는 맛난 음식들을 차려두고 어머니 밥을 기다렸다. 나는 속이 부글부글 끓어 넘쳤으나 낯빛으로 드러내지 않았다. 알아서 성을 내 몫까지 내주는 작은언니가 있어서 셋째 딸은 착한 딸 코스프레를 할 뿐이다. 이 많은 식구가 밥이 없어서 기다려야 되겠냐는 1절부터 시작해 4절까지 잔소리는 이어진다. '밥이야 금세 되는데 뭘' 역사와 전통을 자랑하는 어머니의 변이다.

　평소 어머니 일이라면 자다가도 벌떡 일어나 달려오는 효심 가득한 작은 언니다. 딱 하나, 밥 앞에서는 아버지의 피가 도는 천하에 불효녀가 되어 버린다. 밥에 마음을 옴팍 쏟아붓던 아버지가 살아 돌아온 듯 보인다. 살짝 속이 후련하다. 작은언니가 우리 집에 올 때마다 하는 말이 있다. '영아, 너거 집에 오면 항상 밥이 있어서 참 맘에 든다.' 한결같이 밥부터 찾는 작은언니를 알기에 미리 준비해 둔 걸 아는지 모르는지.

숲과 약속을 잡다

친구가 직장 문제로 속앓이를 한 적이 있다. 위로가 고픈 친구를 위해 델마와 루이스처럼 어디든 차로 달려야 했다. 내가 정한 곳은 위양못이라는 이름의 저수지였다. 우리가 사는 지역에서 이십 분만 달리면 갈 수 있다. 위양못을 보듬은 작은 숲이 내가 즐겨 찾는 케렌시아였다. 이 숲을 발견한 뒤부터 속 시끄럽고 이도 저도 판단이 서지 않을 때 슬며시 숲에 기대는 습관이 생겼다. 친구는 숲을 한 바퀴 찬찬히 돌아 나오자 맑은 물로 얼굴을 씻은 듯 안색이 밝아졌다. 집으로 오는 길에 국수 한 그릇씩 기분 좋게 먹었다. 적당히 부른 배로 웃으며 헤어졌다. 숲은 할 도리를 다했다.

숲 어귀, 철마다 핀 들꽃이 환영한다는 듯 속삭속삭거린다. 봄이면 앙증맞은 봄맞이꽃이 피어있다. 고 작고 여린 꽃이 흙을 밀고 올라와서 살포시 우리에게 손을 흔든다. 몇 걸음 들어가면 겨울잠에서 덜 깬 듯 구깃구깃한 종잇장 같은 진달래가 드문드문 보인다. 촉촉한 고양이 콧등 같은 연한 잎은 꽃과 견주어도 어여쁨이 뒤지지 않는다. 그걸 눈여겨보고 있으면 마음이 노글노글해진다.

　여름은 초록의 공포라고 이상은 권태라는 수필에서 정의했다. 사방 어디를 둘러봐도 여름 숲은 초록 천지다. 이상이 권태로이 보았던 그 숲에 내가 섰다. 초록은 지치지 않고 초록에 초록을 덧댄다. 세상은 무더위로 밤이고 낮이고 아우성쳐도 숲은 무심하다. 시원하고 때로는 서늘하여 실로 공포스럽다는 표현이 걸맞다. 초록이 지쳐 단풍 드는 가을 숲은 다른 얼굴이 된다. 노루꼬리만큼 짧다는 가을볕을 받고 고마리가 물가에 보석처럼 쏟아져 핀다. 물을 깨끗하게 만들어서 고맙다고 고마리, 너무 많이 피어 고만 피라고 고마리라 이름 붙었다지. 그 많은 보석은 밤이면 하늘에 별이 되어 뜨지 않을까. 하늘로 올랐다가 땅으로 내려왔다가 바지런을 떠는 고마리가 고마워, 쪼그리고 앉아 말을 걸어보았다.

　나무처럼 서서 눈을 감으면 바람 소리가 바다 소리로 들린다. 와싹와싹 가지끼리 부딪치는 소리는 비린내 없는 파도 소리다. 아니, 귀로 잘 맡아보면 비린내도 맡아진다. 감은 눈을 뜨면 물결치는 파도에 밀려 나온 조개가 흩어져 있을 것 같은 착각이 든다. 그러니 숲을 다녀왔으면 바다도 더불어 보았음이리라.

　숲을 빠져나올 때쯤 둘레를 환히 밝히는 세 그루 은행나무를 만난다. 노란 은행잎은 수천수만의 오리가 일제히 하늘로 날아가고 싶어 발버둥 치는 모습이다. 꽥꽥 소리를 질렀으면 분명 날았을 텐데 소리 없는 아우성은 좀처럼 하늘에 닿지 않는다. 용을 쓰던

오리 발이 지천으로 깔렸다. 그들의 소망이 얼마나 치열했는지 여실히 알겠다.

'죽을 때가 되어 내가 진정 잘 살았구나, 하는 만족감을 지니고 싶어 나는 숲으로 들어갔다'라고 헨리 데이비드 소로는 '월든'에 적었다. 소로처럼 숲속에 오두막을 짓고 싶다는 막연한 소원을 품었다. 오두막에서 그가 한 대로 숲을 읽고 숲을 기록하고 싶었다. 사람들이 소로가 숲에서 실천했던 '간소한 삶'을 배우려는 열의는 백년이 훨씬 넘은 지금도 여전하다. 소로의 숲을 찾아가는 순례길에 오른 열렬한 신봉자들이 부럽다.

소로처럼 한국에도 그와 흡사한 삶을 살아가는 조무호 작가가 경남 창녕에 곤충 학습관을 열었다. 그는 어릴 때 결석이 잦았다. 숲을 지나야만 학교가 있는데 숲을 빠져나가기가 힘들었다. 문구점 앞 불량식품 유혹처럼 새며 벌레며 하물며 나무까지 친구로 여겨져 발걸음이 자주 멈췄다. 책 보따리를 벗어 던지면 해종일 숲에서 놀아버리기 일쑤였다. 학교 빼먹는 일이 잦아져 결국 어머니 귀에까지 들어갔다. 어머니는 꾸중 대신 숲에 정신이 팔려 주린 배로 놀았을 아들을 위해 뜨신 밥을 차려주는 게 다였다.

인디언 체로키족은 숲에서 일어난 일로 아이들을 나무라지 않는다더니 작가의 어머니는 친히 그리하셨다. 시골 어머니의 마음에서 타국의 어머니가 보인다. 아이는 어른이 되어 숲으로 들어갔고 결석으로 감질나게 보던 벌레들과 헤벌레 웃으며 산다. 그와도 숲길을 자주 걸었다. 들꽃은 조금씩 알아갔지만 나무나 새나 곤충 과목은 어려웠다. 그는 이 나무 저 나무를 동네 친구 부르듯 했다. 새소리로 이름 맞추는 건 물론 꿈틀꿈틀 기어다니는 건 뭐든 허투루 보지 않았다. 조무호 작가는 숲에서만 수다스러웠고 나는 숲에서만 입을 닫았다.

잊힌 지 오래지만 '사람은 자연보호 자연은 사람보호'라는 표어가 있다. 어른이 되어 그 표어를 다시 떠올리니 반은 맞고 반은 틀린 표어였다. 본래 사람은 자연 없이는 살 수 없다. 하지만 자연은 사람 없으면 더 잘 산다는 진실을 알아버렸다. 사실이 이러하니 우리는 두 손 모아 자연을 떠받들어야 한다.

숲을 집으로 옮겨다 놓을 수 없어 아쉬운 대로 베란다 가득 식물로 꾸민다. 기특하게도 집안에 들어온 몇 점의 숲은 사람을 능히 미소 짓게 한다. 빛바랜 표어지만 지금도 자연은 충실히 사람 보호라는 일에 복무 중이다. 몇 가닥 줄기를 얻어 와 키우는 스킨답서스가 있다. 칠 년 정도 되었는데 화분 하나에서 키가 자라고 자라 벽에서 천장으로 뻗어간다. 고작 식물 하나인데 거뜬히 다섯 식구 마음을 보호한다.

숲으로 들어가기엔 짐이 너무 많아졌다. 소로 같은 간소한 삶을 원했으나 어쩌다 복잡한 삶을 짊어졌다. 베란다에 숲을 건설하기엔 치명적인 마이너스 손이 협조를 못 하고 내 사랑 위양못은 물리적으로 너무 먼 당신이 된 지 오래다. 남은 건 시간을 내어 둘레 숲을 만나러 가는 길밖에 선택지가 없다. 이거라도 하자. 달력을 펼쳐 숲과 약속을 잡아야겠다.

상한 케이크

홀로 사는 어머니가 선물로 케이크를 받았다. 우리가 집에 들른다 해서 손도 대지 않았단다. 상자에서 꺼내 보니 여태껏 맛보지 못한 티라미수 케이크가 사랑스럽게 보였다. 작은언니는 단번에 자기가 가장 좋아하는 케이크라며 흥분했다. 케이크를 감싼 비닐 띠를 조카가 떼어내며 띠에 묻은 크림을 손가락으로 찍어 먹었다. 순간, 표정이 일그러졌다. 상상했던 아니 전에 먹어 본 그 맛이 아니란다. 보기 좋은 케이크 앞에서 지을 수 있는 낯빛이 아니었다.

아차! 뭔가 잘못되었다는 짐작이 들었다. 케이크가 있던 장소는 냉장실도 아니고 냉동실도 아닌 냉장고 위였다. 온기가 있는 그곳에 케이크가 있었다. 어머니에게 물어보니 무려 이틀을 따뜻하게 올라앉아 우리만 오기를 기다리고 있었다. 상자는 냉장고 안에 들어가도 충분히 공간이 있는데 어머니는 왜 냉장고 위에 올려두었을까. 까닭을 묻지 않았다. 팔순이 되신 어머니에게 그런 질문은 어쩐지 적당하지 않았다. 혹시나 냉장고 안에 넣어두고 깜박 잊어 못 먹일까, 그랬을지 모른다. 나도 손님이 가고 나서 미처 내놓지 못한 음식을 냉장고에서 발견하고 속이 쓰렸던 적이 한두 번이 아니다.

언니도 나도 억지로 물음표를 꿀꺽 삼켰다. 코를 가져다가 케이크 냄새를 맡으니 표현하기 난해한 향으로 조카처럼 절로 얼굴이 찌푸려졌다. 못 먹는 감 찔러나 본다고 케이크에 손가락을 푹 넣어보았다. 속사정은 더 심각하게 부패가 진행 중이었다. 냄새와 아울러 음식이 상했을 때 생기는 특유의 부글부글 괴는 질감이 마뜩잖다.

분명, 보기에 더할 나위 없이 어여쁜 케이크였으니 맛도 그랬으리라. 나에게는 아는 맛이 아니라서 얼마나 맛있는지 짐작되지 않아 오히려 나았으려나. 언니는 못내 아쉬워서 입이 툭 튀어나왔다. 어머니는 진작부터 입술을 꼭 붙이고 있었다. 아무도 어머니를 타박하지 않는다. 별일 아니라는 듯 상을 치웠다.

설거지하면서 머릿속은 내내 케이크가 꽉 들어차 있었다. 먹지 못해서가 아니라 못 먹여서 속상해할 어머니 때문에 마음이 불편했다. 이제 어머니가 그럴 나이가 되셨구나, 하는 서글픔이라고 나 할까. 총기가 남달라 아이들 말마따나 '엄마보다 할머니가 더 스마트하세요!' 하곤 했는데 그 명성이 조금씩 무너지는 조짐이 보인다. 늘 책을 읽고 아이패드로 검색도 나보다 많이 하면서 배움을 즐겼다. 그럴지라도 노쇠로 나아가는 속도를 제어할 수 없다. 어머니는 케이크를 주고 간 사람한테 미안해서 어쩌나 몇 번이고 말했다. 그 속에는 케이크 먹으려 눈을 반짝였던 식구들한테 하는 말도 섞였겠다.

초등학생 시절, 거동이 불편한 외할머니가 우리 집에 여러 날 머문 적이 있다. 아파트는 엘리베이터 없는 4층이었다. 하루는 길 건너 목욕탕에 어머니와 셋이 가기로 했다. 외할머니는 개운하게 몸을 씻고 싶으셨는지 흔쾌히 따라나섰다. 아파트 문을 열고 계단으로 내려가려는데 외할머니는 철퍼덕 주저앉아 버렸다. 물론 나와 어머니가 부축하는 와중에 벌어진 일이다. 그때는 왜 그리 힘이 없는지 어머니도 나도 감당이 되지 않았다.

그때 외할머니가 당신이 엉덩이에 힘을 줄 테니 양쪽에서 부축하라고 일러주었다. 시키는 대로 양편에 서서 겨드랑이에 팔을 넣어 외할머니 몸을 일으키려고 힘을 썼다. 엉덩이는 전혀 들리지 않았다. 우리는 한 번 더 힘을 내서 팔을 당겼지만 팔만 빠질 듯하고 엉덩이는 여전히 미동이 없었다. 별안간 외할머니가 성을 냈다. "내가 일어날 끼니께 팔을 올리바라 안 카나!" 몇 번을 반복했지만 그대로였다. 그때까지도 외할머니는 몰랐다. 마음에서는 힘을 쓰고 있는데 마음과 달리 몸이 움직이지 않는다는 것을. 몸과 마음이 따로라는 말을 그때 실감했다. 마음만 이팔청춘이었다.

어머니도 그러신다. 우리가 옷을 사면 일단은 당신 몸에 가져다 대어 본다. 얼핏 보아도 두세 치수 커야 할 몸피인데 괜한 욕심을 낸다. 딱 맞을 것 같다며 먼저 입어보려 한다. 우스갯소리 같기도 하지만 절반은 진심 같아서 씁쓸하다.

나 역시 그 대열에 합류할 날이 머지않았다. 이 글도 돋보기에 의존하지 않으면 턱도 없는 작업이니 말이다. 외할머니가 그랬고 어머니가 그랬고 이제 나도 몸 따로 마음 따로가 되겠지. 기어코 그 길을 가야 한다면 머뭇대지 않고 당당하게 발을 디디려 한다. 그분들을 따라 이미 와 봤던 익숙한 길이라면서…….

고양이 밥상 차리기

시골에 살 때는 창문만 열어도 초록이 코앞이었다. 철마다 피는 꽃을 내 집 마당에서 보았다. 아침잠이 없는 딱따구리 쪼아대는 알람 소리를 느슨한 주말에는 꺼두고 싶었다. 장판을 탁탁 소리 내며 걷는 지네부터 방충망을 가뿐히 드나드는 조그만 벌레까지 체급별로 다 갖추고 살았다. 제집처럼 드나드는 고양이도 빼놓으면 섭섭하다.

말간 얼굴로 사붓사붓 마당을 활보하는 고양이는 깃털처럼 가벼이 야트막한 담을 오르내렸다. 외출해서 돌아오면 목련 아래 늘어지게 자다가 눈을 반쯤 떴다 감으면서 이제 오냐, 방자하게 내다봤다. 집 둘레서 본 고양이 식구는 발소리도 안 내고 울음소리도 좀처럼 들리지 않았다.

다락 위에서만 요란했다. 밖에서는 교양 떨다가 집에 오면 돌변하는 사람 같이 다분히 이중묘(猫)격이었다. 자려고 누우면 천장 위에 나는 소리가 꽤 거슬렸다. 층간소음은 아파트에서 사람들끼리 겪는 문제로만 볼 게 아니었다.

다섯 식구라 음식물쓰레기가 만만찮았다. 아파트에는 음식물통을 들고 엘리베이터 타고 내려가서 전용카드를 사용해야 버린다. 시골은 달랐다. 부엌 뒷문 열고 텃밭에 부어버리면 그뿐이었다. 새나 고양이가 와서 먹는다. 먹을 수 없는 건 뒷날 파묻으면 거름이 되어 기름진 땅이 된다. 그 덕에 내다 버린 단호박 씨가 자라 튼실한 단호박을 다음 해 거두어 호박죽을 해 먹었다. 탐스러운 개똥참외도 수확했다.

조기나 고등어가 상에 자주 올랐다. 아이들은 "엄마, 오늘 고양이 밥상 차리겠네요?" 묻는다. 고양이 밥 주러 가는 걸 '고양이 밥상 차리기'라 이름 붙였더니 그 말이 입에 붙었다. 생선을 굽기 시작하면 언제 왔는지 문밖에서 고양이들이 밥상 차려주기만 기다린다. 생선 냄새에 부엌 불빛만 응시한다. "오늘은 우리가 고양이 밥상 차릴래요" 후다닥 밥을 먹고 생선 찌꺼기를 모아 의좋은 형제가 나갈 때가 있다.

세상에서 제일 불쌍한 사람이 남 먹는 모습을 쳐다보는 사람이라는데 이때도 마찬가지다. 차린 밥상을 즐길 고양이를 보려고 기다리면 사람이 가길 숨어서 주린 배로 기다린다. 아쉽지만 사람은 빠져주어야 옳다. 얼마나 내외를 하는지 절대 곁을 내주지 않는 고양이들이다. 내가 차려낸 밥상이 몇 번인데 '잘 먹겠습니다' 말은 못 들을지라도 인기척에 후다닥 달아나버리니 아무리 미물이라도 서운했다. 우리는 멀리서 바라보는 사이였다.

식구들 상에서 밥그릇을 싹 비우고 접시에 반찬이 쑥쑥 없어지면 기분이 좋다. 맛나게 먹어주어 뿌듯하고 보람을 느낀다. 고양이 밥상도 매한가지다. 한 시간 뒤쯤 가보면 어디에 밥상을 차렸는지 흔적이 없을 때가 있다. 그야말로 빈 그릇이다. 고양이와 줄 긋기 되는 소소한 기쁨이 이런 것일까.

한번은 고양이 밥상 차린다고 부엌 뒷문을 여는데 고양이가 어둠 속에서 무얼 뒤지다 화들짝 놀라 달아났다. 늘 하던 대로 고등어 찌꺼기를 삭삭 숟가락으로 훑어서 양은 세숫대야에 담았다. 막 문을 닫으려는데 달아났던 고양이가 빼꼼 쳐다보는 게 보였다. 저녁 먹으러 발길을 다시 돌린 모양이었다. 술래잡기할 때 누가 오는지 조심스레 얼굴만 내미는 아이 낯빛이었다. 그 모습이 하도 사랑스러워 '이리 와 봐, 한번 안아보자' 팔을 내밀었더니 줄행랑친다. '아, 그래 우리 그런 사이 아니지, 잠깐 착각했어.'

들어와 자려고 이불을 편 아이들에게 그림책 대신 새침데기 고양이 이야기를 들려줬다. 두 녀석은 눈을 반짝이며 창작 동화인 양 들었다. 그날 밤 아이들은 고양이랑 술래잡기하며 노는 꿈을 꾸지 않았을까.

도시로 이사 와서 가게 둘레에 사는 녀석이 내가 본 고양이 통틀어 가장 더럽고 불결하다. 원래는 누런 바탕에 흰 줄무늬가 난 고양이였을 텐데 꼬질꼬질 묻은 때가 한참 멀리서 봐도 후줄근해 보인다. 느지럭느지럭 다니는 걸음도 예사롭지 않다. 눈도 게슴츠레 뜨고 코에는 상처가 난 데다가 털도 여기저기 빠졌다. 꼬리는 걸레통에 한 이틀 담갔다가 비틀어 짠 찌그러진 모양새다. 시름시름 앓는 꼴로 주위를 돌아다니니 눈에 뜨일 수밖에 없다. 사람들한테 못된 짓을 당했는지 하도 경계하는 통에 도무지 친해질 수가 없다.

배가 고파서 저리 처져있나, 먹을 것을 갖다주었다. 갈기갈기 씹어 뱉은 흔적만 흩어져 있다. 갈수록 몰골이 흉해진다. 사람으로 치면 쓰레기통 뒤지고 다니는 넝마주이다. 얼마 살지 못하겠다 싶었는데 대견하게도 사 년째 본다. 식구는 있을까, 잠은 어디서 잘까, 밥은 먹었나, 오만가지 궁금증이 꼬리에 꼬리를 문다. 부부의 일상 대화에 이 녀석이 자주 등장한다. 시골에 그 고양이들은 아래층 사람들이 성이 날만치 당당하면서 소란스레 위층을 썼는데 녀석은 처지가 달라도 너무 다르다.

생명 있는 것은 다 사랑을 원한다. 녀석도 사랑받기 위해 세상에 왔을 터, 숨탄것 앞에 높고 낮음이 있을 수 없다지 않은가. 가느다랗게 흔들리는 촛불 같은 생명을 보면 마음이 쓰이는 게 당연한 이치다. 그 녀석을 비누 거품 내서 박박 씻겨주면 좋으련만. 지나치기엔 너무 오래 보아온 동네 고양이라 눈에 익어 버렸다.

오늘 점심은 백숙이다. 부부는 일부러 살점을 헐렁헐렁 발라먹는다. 우리처럼 녀석도 오늘 포식하겠다는 농담도 하며 살점이 넉넉히 붙은 뼈를 따로 모은다. 오랜만에 고양이 밥상 차리기를 해 본다. 그릇에 소담스레 담아 자주 출몰하는 쓰레기장 앞에 놓았다. 이제나저제나 오기만 기다린다. 몇 년 만에 빈 그릇을 볼 수 있을까.

공기놀이

돌멩이가 부딪치는 소리가 좋았다. 같은 돌이라도 흙바닥에서 손으로 돌멩이를 끌어모을 때 소리와 공중 부양한 돌이 손에 든 돌과 합쳐진 소리는 미세하게 달랐다. '탁'과 '딱'의 차이랄까.

동무와 마주 앉아 겨루는 공기놀이. 대개 남자아이들이 딱지치기로 땅을 퍽퍽 때렸다면 여자아이들은 공깃돌로 땅을 톡톡 건드려보았다. 얼추 어른이 되어 공기놀이라는 낯선 단어를 들었다. 내가 사는 경남에서는 꼰받기라고 불렀다. 꼰받기였는지 꼰바끼였는지 입말을 글말로 적어본 적이 없어 정확한 표기는 어렵다.

호주머니에 공기 알 다섯 개만 넣고 다니면 어디든 전을 펼칠 수 있었다. 살구씨만 한 돌을 마련하면 그만이었다. 좀 밋밋하나마 혼자서도 하고 짝이 있으면 더없이 재미났다. 돌멩이 장난감으로 반나절은 거뜬히 놀던 시절, 공깃돌을 다 탕진하고 집에 돌아가면 괜히 밥맛도 없고 시무룩해졌다.

다섯 개로 하던 공깃돌 놀이를 복기하듯 되짚어봤다. 첫 단계는 돌 하나를 공중에 올려서 땅에 내려오는 순간에 다른 돌 하나를 잡아챈다. 네 번 되풀이 해야 첫 고개가 넘어간다. 힘 조절을 잘못해서 하늘로 솟구친 돌이 엉뚱한데 떨어져 실패하거나 바닥에 있는 공깃돌을 하나가 아닌 두 개를 낚아채는 바람에 백기를 든다. 정신만 바짝 차리면 거의 수월하게 해낸다.

둘째 단계는 두 개씩 집는다. 먼저 돌 다섯 개를 좌르르 쏟는다. 딴생각하다가 무심결에 던진 돌이 튕겨서 흩어질 때가 있다. 자연히 두 개를 한 손에 잡기 벅차다. 사정권 밖으로 달음질친 돌로 해 볼 거 없이 끝난다. 상대편은 멀리 뻗은 돌만 봐도 득의만만한 웃음을 짓는다. 반대로 소심하게 다섯 알을 살포시 놓아 다닥다닥 붙은 공깃돌로 딱해지기도 한다. 얕은꾀로 손가락을 벌려 사이사이 틈으로 돌을 떨어트려 놓는 것이 실력이라면 실력이다.

셋째 단계는 돌 세 개를 동시에 잡고 남은 하나를 따로 잡는다. 머릿속에서 이리저리로 돌 넷에게 자리를 공글린다. '자, 니들 셋은 딱 붙고 너만 좀 떨어져 있어' 돌은 돌이라 돌같이 움직일 뿐이다. 기껏 돌 세 개를 따놓고 거저먹는 하나를 으스대며 까불대다 놓친다.

넷째 단계는 돌 하나로 네 개를 단숨에 잡는다. 손을 펼쳤을 때 다섯이 들어있어야 한다. 순식간에 그물 손이 되어 간신히 잡았는데 손을 오므리다가 떨어트리게 되면 어찌나 안타까운지 발을 동동 구른다. 유일하게 한 판으로 끝난다.

마지막 단계는 다섯 알을 허공에 올렸다가 손등으로 받아낸다. 어렵사리 올렸으나 공깃돌 하나라도 이탈하면 지고 만다. 착지에 성공했어도 이게 다가 아니다. 다시금 공중에 한 바퀴 날려서 손 갈고리로 잡아야 끝난다. 다 된 밥에 코 빠뜨리는 변수는 언제든 도사린다. 결코, 호락호락하지 않은 승부의 세계다. 세상은 첩첩으로 쌓인 인정사정없는 싸움판이라는 걸 맛보기처럼 경험했다.

유년의 액자 하나가 품 안에 걸렸다. 공깃돌을 백 개도 넘게 평평한 빈터에 펼쳐놓고 놀았던 해묵은 풍경화다. 오목으로 깔짝대는 게 아니라 거방지게 바둑을 두는 셈이었다. 가칠가칠한 바닥을 스윽 손으로 쓸다시피 서너 개를 손아귀로 감아올려 낚는 짜릿함을 어찌 잊고 살았을까. 대결에 나선 아이들 손이 날아다니면 연신 몸도 덩달아 옴죽거린다. 정적이 감도는 바둑 대회 못지않다. 정물처럼 선 구경꾼들도 과자봉지 따위로 부스럭대지 않는다. 놀이판에 공깃돌이 야금야금 없어지면 누가 더 따갔는지 세어서 승패를 가렸다.

나는 몸뚱이를 움직여서 하는 모든 유희에 두루뭉수리한 아이였다. 공기놀이면 공기놀이 고무줄놀이면 고무줄놀이 하물며 어떤 도구도 갖출 게 없는 숨바꼭질이나 무궁화꽃이 피었습니다, 놀이에도 굼떴다. 꼭꼭 숨어도 머리카락이 보이고 무궁화를 피워보지도 못하고 봉우리에서 멈췄다. 공기놀이 잘하는 친구는 백점짜리 시험지로 뻐기는 우등생과 동급으로 부러운 존재였다.

그때 갖고 놀았던 공깃돌은 어디로 사라졌을까. 길섶 어딘가에 숨어있는 옹골찬 돌멩이를 찾아내느라 얼마나 품을 팔았는데 어째, 하나도 남지 않았을까. 공깃돌을 잔뜩 모아두면 산 호랑이 눈썹도 그리울 게 없는 포만감으로 충만했다. 내가 손수 일군 나만의 사유재산이었다.

　내 귀에는 아직도 야무진 공깃돌이 부딪치며 내는 소리가 들린다. 귀에 콕콕 꽂히던 둘이 연주하는 스타카토 협주곡이었다. 살아가며 맞닥뜨리는 일도 상대와 합을 맞춰 공기놀이처럼 군더더기 없이 마무리되면 좋을 텐데 실상 그렇지 않다. 그 시절엔 꼴사나운 꿍꿍이로 헤살질을 부리지 않았다. 손등에서 공깃돌이 떨어지면 깨끗이 승복할 줄 아는 때 묻지 않은 진실함이 있었다. 공깃돌을 어디 다 뒀는지 까먹었듯 그런 '룰'도 잊어버린 채 어른으로 건너왔다.

　다시 그 시절로 돌아가 볼까. 문방구에 들러 알록달록 공깃돌을 사서 호주머니에 넣고 만지작거려 볼까. 돈을 주고 공깃돌을 사는 새로운 경험이겠다. 사십 년도 훨씬 지난 지금, 어설펐던 내 실력이 어찌 달라졌을지 궁금하다. 손이 넙데데해져서 그 시절보다 나을지도 모른다는 막연한 기대가 스멀스멀 올라온다. 엄벙뗑 잘하는 옆지기에게 설거지 내기하자고 꼬드겨보는 방법도 궁리해 두었다. 슴슴한 일상에 병아리 눈물만큼 살맛이 날 것도 같다.

제2장

봄이

 봄이가 사라졌다. 퇴근하고 오니 봄이가 안 보였다. 처져있는 모습이 걱정됐지만, 달리 수를 쓰지 못했다. 출근이 급했다. 봄이는 봄에 우리 집에 와서 부르게 된 하얀 강아지 이름이다. 태어난 지 일 년 정도 된 자그마한 반쪽짜리 진돗개였다. 오자마자 낯가림 없이 우리에게 안겨 뜸도 안 들이고 식구가 되었다.

 등굣길을 배웅해 주는 살가운 봄이를 아이들은 좋아했다. 봄이가 사라졌을 때 유독 안타까워하던 막둥이는 녀석을 그리워하며 일기도 쓰고 시도 지었다. 봄 동안만 머문 게 이름 탓인가 한탄스러웠다. 가수가 노래 따라간다더니 봄이도 이름 따라 가버렸다. 사철이라 불렀다면 어땠을까. 봄여름가을겨울을 함께 했을까.

 봄 한 철, 쑥이나 냉이 캐러 다니는 게 일거리였다. 이제 막 한 살이를 시작하는 연둣빛과 눈을 맞추며 출생 신고하듯 사진을 찍어주었다. 봄이는 나들이에 단짝 친구였다. 돌아다니다가 '봄아!' 하고 부르면 어디에서 드잡이하다 왔는지 도깨비바늘이나 지푸라기를 붙이고 튀어나왔다. 쑥이 많은 데를 찾아 앉았다. '개풀 뜯

어먹는 소리'처럼 봄이는 풀을 뜯고 나는 쑥을 캐며 나란히 들에 앉아 제 할 일에 열중했다.

어디든 다니는 걸 신나 했던 봄이는 마을 한 바퀴 할라치면 앞서나가 시동을 걸었다. 나 홀로 숲이며 호젓한 둘레길을 기웃댔다면 얼마나 적적했을까. 봄이 덕분에 마을을 벗어나 후미진 데까지 가보았다. 숲에 오를 때는 봄이가 먼저 오르고 뒤에 내려왔다. 속 시끄러운 일로 머리 식히러 오르면 봄이는 눈치 없이 마냥 행복해 보였다. 나중에 그 모습에 구겨진 내 마음이 스르르 펴졌다. 단짝의 느린 걸음 탓에 뛰어가다가 어느새 돌아와 내 옆을 지키던 봄이였다. 부르지도 않았는데 되돌아오면 얼마나 기특한지, 녀석은 충성스럽고 의리 있는 짝이었다. 집에 와서 봄이를 안고 털에 붙은 검불을 하나하나 떼어줬다. 그럴 때면 상긋한 표정을 짓고서 가만히 내게 몸을 맡겼다.

어느 날, 봄이와 논틀밭틀을 질러 언덕을 올랐다가 뜻밖에 꽃동산을 발견했다. 여러 빛깔의 수레국화가 그지없이 펼쳐져 눈이 휘둥그레졌다. 그곳엔 내걸어둔 현수막만 없을 뿐 수레국화 축제가 한창이었다. 소문난 잔치 먹을 거 없다더니 소문 안 난 마을 언덕에 볼거리가 푼푼했다. 천지가 색색의 꽃으로 덮인 장관을 눈에 담기엔 벅찼다.

초대 손님은 나와 봄이뿐이었다. 우리를 위해 이토록 푸지게 수레국화가 피었다니, 황송할 따름이었다. 김칫국물 독으로 마시는 객소리가 아니다. 마을 어르신들이 둔덕까지 올라올 일은 만무했다. 외지인은 더 모를 곳이다. 친히 다리품 팔아 올라온 우리만을 위한 꽃놀이였다. 막둥이 일기에 '봄이가 꽃이 좋아 꽃을 따라간 걸까' 썼던데 그때 우리 둘만의 꽃동산에 가볼 것을 지금에서야 후회가 된다.

새해를 사흘 앞두고 이사 온 시골이었다. 이삿짐 한 차에 촘촘히 실었던 내 애지중지하던 식물들은 사방 천지 불어대는 고추바람에 얼어 죽었다. 휑해진 화분들은 뻥 뚫려 비어버린 내 자화상 같았다. 다섯 식구 겨울나기에 바빠 나 몰라라 눙친 탓이다. 부러 눈길을 안 주었다. 양말 두 개에 버선까지 신어도 동상에 걸렸던 시린 집, 바람이란 바람은 죄다 우리 집을 에워싼 겨울이었다.

사업 실패로, 몇 해 전 정착한 형님네를 따라 숨어든 귀농이었다. 겨울이 채 끝나기도 전에 예상과 다르게 상황은 흘러갔다. 집들이 날, 형제는 틀어져 남보다 못한 사이가 되어버렸다. 졸지에 어정잡이로 전락해 겨울잠만 잤다. 누가 귀에 얹어준 소문으론 매실 수확 때 일손으로 와달라고 쌀자루를 형님네가 선물로 미리 줬단다. 우리는 정부미를 지인에게 얻어먹어야 할 형편이었는데, 매 한 끼는 수제비가 상에 올랐지 싶다. 그해 겨울은 아무런 반전도 없이 똑같은 일상만 반복되는 지리멸렬한 일일연속극이었다.

겨울이 녹아 봄이 된다는 노래처럼 겨울이 녹을 즈음 봄이를 만났다. 그리고 우리는 숲으로 갔다. 시나브로 푹한 기온에 둘레가 달라졌다. 숲은 철에 맞춰 땅속에 묻어둔 잉걸불로 언 땅을 녹였다. 여린 나무초리들의 재잘거림이 닫힌 내 귀를 뚫고 들려왔다.

영구동토층 같은 마음이 녹기 시작했다. 조금씩 부풀어 오르는 숲처럼 내 마음도 같은 호흡으로 차올랐다. 무저갱 같은 나락으로 곤두박질쳤던 시절, 봄이와 함께한 숲은 상처 난 가슴에 바르는 빨간 약이었다. 약은 꾸준히 발라야 효과가 있듯 출근 도장을 찍다시피 숲으로 발을 들였다. 긍정적 중독은 자연치유로 승화되었으리라.

하루아침에 알토란 같은 봄이는 사라져버리고 우리 둘만의 꽃동산을 둔 채 도시로 나왔다. 수레국화를 볼 일도 없고 봄이 닮은 여름이도 눈에 안 들어왔다. 도처에 널린 일거리에 순응하며 남편과 나는 오롯이 앞만 보고 살았다. 남편은 일주일에 꽉 찬 여섯 날을 일에 매달렸다. 나 역시 팔 인대가 늘어난 중에도 집안일과 바깥일로 동동걸음치며 바삐 지냈다. 이러구러 몇 년을 팽팽한 긴장감을 어깨에 얹고 살았다.

어느 시인이 봄은 기다려도 오고 기다림마저 잊었을 때도 온다고 했다. 내게도 찬란한 봄이 왔다. 지금은 밥만 먹어도 단맛이 올라오는 호시절이다. 그 시절, 봄이가 없었다면 찌는 더위에도 나에게는 겨울이었겠다. 그러니 누군가에게 빨간 약이 되어 주러 봄이가 사라진 것이라 믿는다. 낯가림 없이 뜸도 안 들이고 내게 안긴 그날처럼.

단칸방

 단칸방에 살아본 적이 있는가. '내 어릴 때는 한방에서 식구들이 오글오글 모여 살았지' 이런 추억담은 가끔 듣는다. 벽에 붙은 선반 위에 차곡차곡 올린 살림살이가 있고 그 아래서 먹고 자고 다투며 지냈다는 눈으로 그려지는 장면도 보탠다. 상 하나로 밥 먹을 때 밥상 공부할 때 공부상 술 마실 때 술상이 되었음은 뻔하다.
 지인이 서울에 내내 있다가 집으로 내려왔다길래 만났다. 아들딸이 서울에서 직장 다니고 남편도 사업으로 서울을 자주 오간다. 그러는 와중에 자식 둘 다 병원을 들락거릴 일이 있어 원룸 얻어 사는 아들 집에 머물게 되었단다. 엄마가 올라오니 다른 원룸에 사는 딸도 보따리를 싸서 옮겨왔다. 석 달을 식구 넷이 원룸에 살았다니, 듣는 내가 괜스레 갑갑해졌다. 영어로 원룸이니 흔한 말로 단칸방이다.
 지방에 있는 그의 아파트는 방이 네 개다. 제법 비싼 아파트로 그중 가장 큰 평수다. 부부만 살기에는 큰 집이다. 화장실이 두 개여서 안방 화장실은 남편이 거실 화장실은 아내 전용으로 쓴다.

이리 넓은 공간을 놔두고 단칸방 생활을 백일 가까이했다니 기가 막힌다.

'없던 정도 생기더라'며 지인은 달큰한 웃음을 비친다. 없던 정은 아닐 것이다. 있던 정에 쌓인 먼지를 털어내니 '즐거운 우리 집' 형상이 되살아났을 테지. 일찍이 서울로 대학 간 자식들이라 스물쯤 객지 생활을 시작했다. 둥지를 떠난 자식들은 가끔 집에 내려온다. 내려오는 횟수가 점차 줄어든다. 서울에서 밥벌이에 친구도 사귀다 보니 자연히 물리적 거리는 천 리 길로 느껴진다. 짬 내어 다녀가라는 부모 말은 한 귀로 듣고 한 귀로 흘린다. 다들 그리 살아가는 게 현실이다.

식구가 다 모일 때는 명절이나 특별한 기념일이 아니면 불가능에 가깝다. 그러기에 석 달 단칸방 생활은 얼마나 남달랐을까. 식구라 할지라도 어른 넷이 한방에서 생활하는 풍경은 아무래도 생경하다. 부대끼며 먹고 자고 아침이면 같이 일어나지만, 함께 할 게 이것뿐이랴. 틈만 나면 스마트폰만 어루만지던 현대인이 한방에 앉아 서로를 마주한다. 모녀가 찰싹 붙어 한 이불을 덮는다. 옆 사람 등을 치고 어깨를 부딪치며 웃는다. 시시껄렁한 농담이 오가도 그저 재밌다. 화면 속에서 본 개그보다 청량감을 준다.

원룸이 넓어봤자 원룸이다. 애당초 네 명을 위한 설계는 아니지 않은가. 방이 넷이던 아파트에서는 각자 방에 들어갔는데 여기는 문 열고 들어갈 데라고는 화장실뿐이다. 화장실이 하나이니 누가 들어가면 셋은 대기한다. 사람은 상황이 닥치면 다 해낸다고 하듯 기꺼이 네 사람이 적응의 동물로 거듭난다.

  부모보다 키가 더 자란 자식 둘은 엄마가 곁에 있어서 신이 났다. 살곰살곰 아이로 돌아간다. 엄마에게 먹고 싶은 것을 출근길에 주문한다. 어둑어둑한 밤길에 창문으로 불빛이 쏟아지고 아침에 신청한 음식이 냄새를 풍기며 계단까지 마중 나온다. 발걸음이 달뜬다. 앞치마를 두른 엄마가 맞아준다. 어린 시절 하굣길처럼 퇴근길이 이보다 좋을 수 없다.

  결혼 전까지 살던 아파트에는 내 것은 없고 우리 것밖에 없었다. 내 옷이 아니라 우리 옷이었고 내 방이 아니라 우리 방이었다. 방 셋에 식구가 일곱이니 내 방이 있을 턱이 없다. 필요는 발명의 어머니답게 오 남매 중 유독 내 방 갖기에 집착하던 동생이 베란다에 방을 만들어 독립했다. 추운 것으로 따지면 바깥보다 한 뼘은 나았을까. 좁디좁은 베란다를 제 방으로 만들어 친구까지 초대해 놓았다. 누가 보면 제 자식 아니니 내친 것이라 오해하기 딱 좋은 진풍경이었다.

  동생의 단칸방은 '있어야 할 건 다 있고요, 없을 건 없'는 화개장터였다. 어디서 구하는지 살림살이가 늘어갔다. 말만 하면 어디서든 물건이 튀어나왔다. 방이 생긴 동생이 부럽기도 했다. 이가 딱딱 붙게 살을 에는 추위도 열대야가 득실대는 찜통더위도 동생의 단칸방을 허물지 못했다. 내 방이라는 공간이 주는 심리적 포만감은 절대적이었다.

  더 과거로 들어가면 손바닥만 해도 좋으니 내 방을 소원하던 어린 나를 만난다. 학교 갔다 돌아와서 아무도 없으면 마냥 좋았다. 식구 없는 빈집에 들어가면 기운이 빠진다는 친구가 도통 이해가 안 갔다. 친구네는 우리처럼 인구밀도가 높지 않을 게 뻔하다. 아주 드물게 혼자 집을 다 차지하고 있으면 집은 그야말로 나의 쪼끄만 우주였다.

  날마다 나쁘진 않겠지만 혼자 사는 단칸방 생활은 만만찮은 일 투성이겠다. 자기가 들어가야 사람의 체온이 생긴다. 어둠을 삼킬 빛도 내가 스위치를 올려야 비로소 밝아진다. 라면 끓인 냄새와 엄마가 차린 집밥 냄새는 비교 자체가 체급이 다른 겨루기다. 지인의 단칸방 생활은 석 달이기 망정이지 더 길어졌으면 '있던 정도 떨어지겠더라'로 바뀌었을까. 어쩌다 뭉쳐서 살았던 단칸방 생활은 인생을 통틀어 다시 없을 별미였겠다. 특별해서 가끔 먹는다고 별미다. 날마다 냉면이나 과메기를 먹는다면 질리고 물리겠지. 석 달이 마지노선인지도 모를 일이다. 오면 반갑고 가면 더 반갑다던 친정아버지의 말씀에 백번 공감한다.

  제주도 한 달 살기가 유행처럼 번졌다. 다시 일상으로 돌아올 테지만 몸과 마음을 재충전했으니 한층 발걸음에 힘이 들어간다. 지인이 단칸방 살기로 얻은 것은 끈끈한 가족애다. 오랫동안 충전기에 꽂혀서 배터리는 백 프로 빵빵하게 불이 들어왔겠다. 기회 되면 우리 식구도 뭉뚱그려 지내보면 좋겠다.

  지금은 일인 일방으로 산다. 각자 방문을 닫아버려선지 풍선에 바람 빠지듯 관계가 헐거워짐을 부인 못 하겠다. 자기만의 방에 있어야 진정한 쉼을 얻는다며 집에 있는데도 집에 가고 싶다는 생뚱스러운 말이 나왔을 테지. 불편하고 어색하고 짜증스러운 일이 있을지라도 오글오글 콩나물시루처럼 담겨있고 싶다. 시루 안에서 충전만 잘하면 남은 몇십 년은 재충전'빨'로 굴러가지 않을까. 호시탐탐 기회를 노려볼 일이다.

불친절한 덕분씨

"덕분입니다. 이 모든 게 여러분 덕분입니다" 말끝마다 '덕분입니다'를 붙이는 사장과 일한 적이 있다. 첫날 취임사를 들었을 때 그의 말본새로 겸손하다는 인상을 받았다. 연설이 끝나고 직원들에게 작은 선물도 돌렸다. 선물상자 앞에 '여러분 덕분입니다' 문구가 붙었다. 선물까지 받자 마음이 더더욱 기울었다.

자신을 낮추는 겸손한 여성이 사장으로 왔으니 그동안 우리가 겪었던 소소한 갈등은 해소되리라 기대했다. '덕분입니다, 덕분입니다' 이 말을 외치고 다녔으나 직원들 덕분이 아니라 자신 덕분이라는 얄팍한 속내를 알아채는 데에 긴 시간이 걸리지 않았다. 선물상자 앞에 쓰였던 '여러분'은 한 이틀 지나면 '나'라는 글자로 자동전환되는 것이었을까.

두세 직원만 모여도 이야기의 화두는 사장이었다. 답이 없는 한숨이 대화의 마침표였다. 도저히 식혀지지 않는 열을 안고 퇴근해서는 남편을 앉혀놓고 사장 흉을 보았다. 그리 털어버리지 않으면 병이 날 지경이었다. 남편은 단박에 '덕분이네, 덕분이'라며 그럴싸한 별명을 작명해 주었다.

  남편이 지어준 '덕분이'라는 별명은 삽시간에 직원들 사이에 퍼졌다. 아는 사람은 알고 모르는 사람은 통 모르는 별명이었다. '저기 덕분이 온다, 덕분이', '덕분이가 준 일로 주말에도 나와서 일했잖아', '덕분이 때문에 야근이네, 야근'. 우리는 사장 덕분에 참으로 일 구덩이에 빠졌다. 부수적인 일 처리가 너무 많아 중점적으로 해야 할 업무가 늦어졌다. 모두가 몸살을 앓는 나날들이 이어졌다.

  구관이 명관이라는 말이 자연스레 터져 나왔다. 예전 사장이 가서 속이 시원하다던 사람들은 더 모시지 못해 아쉬운 마음으로 입장을 바꿨다. 덕분이 사장으로 우리는 죽을 맛이었고 직원들 덕분에 사장은 그럴싸한 대표로 거듭나고 있었다. 사장 등쌀에 못 버티고 나가는 직원이 나왔다. 우리에게 봄날은 올 테니 이겨보자 다독여도 그는 완강했다. 제 할 일을 찾아서 하고 시키지 않은 일도 말없이 하는 평판이 좋은 직원이었다. 덕분이는 일관되게 오너라 가거라를 하려 들었고 자유로이 일하는 단독 행동은 쓰잘머리 없는 짓으로 간주했다.

  회사 전체 환경미화에도 지나친 관심을 가졌다. 정장 입은 환경미화원이었다. 건물 구석구석 누비며 변두리까지 어물쩍 넘기는 법 없이 쑤시고 지시를 내렸다. 눈에 보이는 곳마다 몰강스레 훑고 다녔다. 내실을 다지기보다 외부 사람들이 보는 건물 치장에 신경 썼다. 자신을 꾸미는 면에서도 다를 게 없었다. 여자니까 화장이야 그렇다 쳐도 색조 화장 기법은 보통 사람과 확연히 달랐다. 옷 역시 평범해 보이는 게 단 하나도 없었다. 진한 보라색 투피스로 시선을 사로잡던 날, 저 멀리서도 그 색은 도드라졌다. 곳곳에서 보라돌이라고 쑥덕거렸다. 클레오파트라의 각진 머리 모양도 더없이 강해 보였다. 늙수그레한 중년여성의 과감한 패션은 직원들에게 시키는 무자비한 일거리와 어쩐지 닮은 듯 보였다. 덕분이는 모든 게 우리와 다른 것투성이였다.

한번은 떨어진 휴지를 줍는 나에게 "그런 쓰레기 주울 필요 없습니다. 청소하는 사람이 있는데 왜 줍습니까. 그거 주우라고 월급 주는데" 아랫사람 아니, 사람을 대하는 방식이 어떠한지 여실히 보여주는 순간이었다. 측은지심은커녕 외려 나까지 자기와 같은 사람으로 만들려 했다.

출장으로 오후를 통째로 사장이 자리를 비운 날이 있었다. 우리는 모두 모여 떡볶이에 튀김까지 푸지게 차려 먹었다. 덕분이 사장이 온 뒤로 오후 간식은 꿈에도 접은 터였다. 많은 시간 뺏지도 않는데 그동안 이런 시간에 너무 고팠다. 후다닥 먹고 알아서 자리로 돌아갔다. 괜히 뭉긋뭉긋 시간만 축내려는 심사는 없었다. 일은 해도해도 차고 넘쳐서 바삐 서둘렀다.

사장의 출타에 이어 간식까지 먹고 2층 계단을 올라가는데 발걸음이 이리도 가벼울 수 있나 새삼 놀랐다. 건물 전체 공기는 오전과 달랐다. 한 사람의 부재가 긴장감으로 부유하던 분위기를 싹 바꿔놓았다. 열 배는 더 웃고 열 배는 마음이 편했다. 눈빛으로 모두가 같은 마음임을 알 수 있었다. 즐거운 퇴근길로 이어졌고 오랜만에 덕분이를 떼놓고 집에 갔다.

셰익스피어는 '왕관을 쓰려는 자, 그 무게를 견뎌라' 했다. 사장이라는 자리 자체가 왕관의 무게를 견디게 하지 않는다. 우리가 그 앞에 고개를 숙이는 까닭은 자리가 가져다주는 권위에 대한 존중심이다. 자리가 사람을 만들지 않는다는 것을 덕분이 사장을 보며 알았다. 깜냥이 되는 사람이 자리에 앉으면 절로 빛이 난다. 빛이 나지 않은 사람이 자리에 앉는다고 없는 빛이 생기지는 않더라.

일 잘하는 직원이 나가고 단짝 동료가 나가고 가을쯤 나도 퇴사했다. 절이 싫으면 중이 떠나라 했으니 중들은 줄줄이 봇짐을 매고 나갔다. 덕분이는 직원이 연이어 나가도 허투루 보아 넘겼다. 한갓 부속품 정도로 보았을까. 아쉬운 마음은 없다. 더 견뎌볼 것을 하는 마음보다 한시바삐 털지 못한 것이 후회될 정도였다.

퇴사의 첫 번째 이유가 박한 월급이 아니라 직장 내 불편한 인간관계라는 설문 조사를 보았다. 그만큼 사람과의 유대관계가 중요하다는 방증이겠다. 회사를 나온 지 십 년이 넘었지만 지금도 불친절한 덕분이 사장이 문득문득 떠오른다. 갑질하는 사람을 보면 클레오파트라 머리에 보라돌이 옷을 입은 덕분이가 오버랩 된다. 그런 의미에서 덕분이는 내 평생 잊을 수 없는 사람이다.

껍데기는 가라

사람이 뜸한 거리는 쓰레기 천지다. 물통, 과자봉지, 담배꽁초, 이 빠진 빗, 금이 간 화분, 살이 나간 우산 다 열거할 수도 없다. 요즘은 어딜 가나 바닥에 떨어진 마스크를 본다. 얼굴 반을 가리며 한 몸인 양 붙어있었는데 어느새 땅을 가린다. 땅이 역병에 걸릴까 봐 염려해서는 아닐 것이다.

무더기무더기 쌓인 쓰레기를 보며 신동엽의 『껍데기는 가라』를 떠올린다. 시인이 듣는다면 '예끼 이 사람아, 내가 말한 껍데기는 그게 아니라네' 할지 모르겠다. 문학적 깊이가 뛰어난 시를 속살까지 들여다볼 재주는 없다. 그저 거리의 반항아처럼 나돌아다니는 쓰레기가 껍데기로 비친다. 어제의 용사들이 길바닥에 내몰려 '퇴물이 될 줄 예전에 미처 몰랐어요' 으앙으앙 우는 듯 보였다.

'껍데기는 가라'를 문자 그대로 받아들여 알맹이만 빼먹고 껍데기를 내치는 사람들이 있다. 편의점을 나오는 남자가 담뱃갑 비닐을 벗겨 한 개비 꺼낸다. 분리해 낸 비닐을 슬그머니 바닥에 떨군다. 보나 마나 다 피운 꽁초도 아무 데나 버리겠지. 교복 입은 학생이 아이스크림을 입에 물고 봉지를 휙 땅에 버린다. 어른이나 애나 한두 번 버린 솜씨가 아니다. 자연스럽다. 테이크아웃으로 받은 커피가 입에 맞지 않는지 담벼락 밑에 세워뒀다. 똑같이 절반 남긴 한 쌍이 정답다.

반대로 껍데기를 찾아다니는 사람이 있다. 고물 줍는 사람들이다. 알맹이가 빠져나간 종이상자나 빈 병을 찾으러 다닌다. 좀 전에 바깥에 놔둔 상자는 어느새 치워졌다. 간혹 상자 안에 넣어둔 걸 땅바닥에 팽개쳐두고 상자만 들고 가 난처할 때가 있다. 그들에게 소용이 되는 것은 껍데기다. 껍데기가 그들에겐 알맹이다.

지난주, 길을 지나가다 움직이는 산을 보았다. 높이가 어마어마한 고물을 움직이는 사람은 쪽 찐 머리 할머니였다. 삼사 학년 초등학생 키가 될까 싶은 작은 몸피가, 보였다 안 보였다 했다. 쌓아 올린 고물에 가려져 할머니 없이 산이 혼자 걸어간다는 착각이 들었다.

할머니를 보며 설화에 등장하는 마고 할미를 소환했다. 아주 옛날, 한라산을 베고 누우면 발끝이 제주도 앞섬에 닿고 마고 할미 오줌 줄기가 어찌나 센지 제주도 한쪽이 떨어져 나가 섬이 되었단다. 유구한 세월이 흘러 힘이 예전만 못해도 산을 밀고 가지 않는가. 우리 동네에서 마주친 마고 할미는 슬로비디오처럼 느리게 느리게 내 앞을 지나갔다. 진창길이든 비탈길이든 아무 문제 아니라며 땅만 보고 밀고만 갔다. 안락한 집에서 따신 밥상 받으며 보필받을 연세의 어르신이었다. 어쩌다 산을 밀게 되었는지 사연을 들으려면 머리꼬리 잘라 들어도 이박삼일은 걸리겠다.

  일하는 가게 자리에서 유리 문밖을 보면 쉴 새 없이 수레가 오간다. 고물상이 가까이에 있기에 예사로이 본다. 수레 한 대에 끄는 사람과 미는 사람 둘로 부부가 일하기도 하고 마고 할미처럼 혼자이기도 하다. 도로에 수레가 천천히 지나가면 그 뒤를 호위하듯 차들이 보조를 맞추며 걷는 속도보다 천천히 따라간다. 수레 주인은 세월아 네월아 급할 게 없어 보이나 실상, 마음이 쪼그라든다. 차를 피하고 싶지만, 온갖 나부랭이를 잔뜩 실어 쉬이 바퀴를 부릴 수 없다. 다행히 경적을 울리며 재촉하는 차는 대개 없는 편이다.

  그새 밖을 보니 오른쪽 다리를 저는 작달막한 키의 중년 남자가 수레를 끄는 장면으로 달라졌다. 다리를 절뚝대면 오른쪽이 기우뚱한다. 수레 반쪽이 올라갔다 내려간다. 가는 내내 그 모습이 요란하다. 수레에 실은 고물을 저울에 올려봤자 야박한 숫자가 보일 것을 그쪽 시세에 까막눈인 나조차 알겠다. 산을 옮긴 품삯은 결단코, 산처럼 높지 않다.

  늦은 오후 새로운 산 하나가 지나간다. 수레를 운전하는 남자 뒤에 되똥대는 걸음으로 폐지 위에 손을 올린 여자가 함께한다. 수레 산 우듬지에 검정 비닐봉지가 깃발처럼 발랄하게 펄럭인다. 닥치고 전진이다.

아무도 섬일 수 없다

배가 떠나갔다. 나를 섬 끝자락에 세워두고 떠나갔다. 달려가 세울 수 없었다. 배에 탄 일행이 대신 발을 동동 굴렀겠다. 한마음으로 어떡해, 어떡해, 했겠다. 내가 타면 가라앉기라도 한다는 듯 배는 서둘러 바다로 나아갔다. 어찌 그리 한번 멈칫하지도 않고 가버리는지 입을 열어 아, 하는 옅은 신음도 뱉지 못했다. 누가 보면 말 못 하는 사람인 줄 알았겠다. 아니면 배웅하러 나온 모양새로 보였으려나. 가진 돈도 없고 휴대전화도 없었다. 뭐 하나 가진 게 없는데 홀가분했다.

배는 점처럼 작아지더니 그조차 가뭇없이 지워졌다. 물살을 가르던 하얀 파도가 없어져 발자국조차 안 남긴 완전범죄였다. 배는 원래부터 없던 것처럼 어제의 얌전한 바다로 바뀌었다. 윤슬이 빼곡히 퍼진 바다는 심드렁할 뿐이었다. 신기루였을까.

나는 여기까지 무엇을 타고 왔고 누구와 왔고 누구와 헤어진 것일까. 이 모든 게 현실이 아닌 것만 같았다. 바닷속을 내려다보니 머릿속이 더 뒤죽박죽 엉켜버렸다. 너울 탓으로 멀미가 나려 했다. 누구도 눈치 못 채게 도리질을 너무 많이 했나. 여객선 매표소로 자리를 옮겼다.

 스무 명도 넘는 단체여행이었다. 다들 일찌감치 배 안으로 들어갔다. 나는 친구와 화장실을 다녀오는 바람에 늦어졌다. 친구가 먼저 타서 일행에게 무얼 물어보고 돌아 나오기로 했다. 친구가 들어간 문을 보며 기다리고 있는데 별안간 배가 움직였다. 친구는 나에게 다시 오지 않았다. 선상에 나와 보지도 않았다.

 버스였다면 급한 마음에 차 옆구리라도 치면서 세우려 애를 쓰겠다. 배의 옆구리는 내 손이 닿지 않았다. 배는 버스처럼 인간적이지 않았다. 친구도 인간적이지 않은데 배 따위에 무엇을 바랄까. 오롯이 섬 곁에서 벗어나는 게 배의 목적이었다. 바다는 함께 온 일행도, 며칠간의 추억도, 우리를 실어 날랐던 배까지 삼켰다. 아귀아귀 먹어 치우고 나서야 포만감으로 순해졌다.

 먼저 간 일행의 조치로 다음 배를 타고 내렸다. 야멸차게 나를 버리고 간 친구는 눈을 맞추지 못했다. 왜 그랬냐고 따지지 않았다. 침묵조차 아끼며 앵돌아서는 게 마지노선이었다. 벌써 삼십 년이 훌쩍 넘은 일이 어제 일처럼 삼삼히 떠오른다.

 '바다가 육지라면' 옛 노래는 그리운 서울을 바다가 길을 막아 못 간다고 배 떠난 부두에서 운다는 이야기다. 그러니 바다가 육지라면 좋겠다고 노래한다. 육지라면 발이 부르트도록 걸어서라도 갈 수 있는데 바다를 앞에 두고 할 수 있는 일이 없더라는 신세타령이다. 바다는 그대로 벽이다. 창살 없는 감옥임을 '캐스트 어웨이' 영화에서 실감 나게 보았다.

바다라는 벽에 에워싸인 섬은 나를 붙들어 앉혔다. 파도 소리를 들려주고 갈매기 떼까지 불러들여 어르고 달랬다. 두 눈을 찡그릴 만큼 물비늘은 반짝반짝 속살거렸다. 섬은 잘 차린 밥상을 내 앞에 펼쳐놓은 듯 나에게 잘 보이려 애썼다.

배가 떠난 선착장은 연극이 끝난 무대처럼 적막했다. 연극에서 나의 배역은 무엇이었을까. 1막의 무대에서 내려온 배우들은 일제히 짐을 꾸려 빠져나갔는데, 혼자 스포트라이트를 받으며 2막의 연극을 이끌어가야 했다. 2막은 독백조차 거추장스러웠다. 내 표정과 몸짓으로 승부를 보는 무언극으로 능히 무대가 채워졌다.

섬에서 홀로 보는 바다는 뭍에서 보았던 바다와 사뭇 다른 얼굴이었다. 익히 알았던 바다가 아니어선지 낯설었다. 대륙의 부스러기도 좋으니 돌아가고 싶었다. 그 어떤 자연의 소리나 풍경도 섬으로 들어오던 첫날보다 감동이 반감되었다.

나를 뒤로하고 애인과 배 안에 머물렀던 친구와 척지려 했지만, 어느 정도 휴지기를 보내고 손을 내밀었다. 모두 삼켜버리고 잔잔히 흐르는 바다처럼 나도 불편한 관계를 삼켜버렸다. 옳고 그름을 따진들 나도 언제 그 자리에 서게 될지 모를 일이다. 바다처럼 삼켜버리자 바다처럼 평화로워졌다.

섬의 끄트머리에 내몰려 쪼그라들었던 마음은 바다가 내어준 다음 배를 보자마자 눈 녹듯 풀어졌다. 나는 섬에서 탈출한 게 아니라 바다에 안긴 셈이다. 나를 뭍으로 토해내기 전까지 바다는 나를 업고 있었다.

　'아무도 섬일 수 없다. 대륙의 일부다'라는 존 던의 시가 있다. 이 두 문장이 머리에 들어왔을 때 나는 '아무도'로 살고 싶었다. 독야청청하려는 숭고한 뜻보다 그저 남들과 외따로 있고 싶었다. 섬처럼 살 수 있으리라 자신했다. 실상 입 다물고 식구들과 말을 섞지 않거나 친한 벗들과 소원한 사이로 지내는 게 다였다. 그리 살다 보니 섬이 되기엔 한솥밥을 먹는 식구가 너무 많았고 걸려오는 벗들의 연락을 계속 무시할 여력이 없었다. 직선 긋기만 하던 나의 반항이 곡선으로 꺾인 데는 결국 사람이었다. 실로 아름다운 의존이다. 섬으로 사는 것이 불편하기도 하거니와 굳이 섬일 까닭도 없어 보이는 객기였다. 대륙의 일부가 내 자리였다. 섬은 내 터전이 될 수 없었다.

　섬을 떠나오면서 멀찌감치 서 있던 자리를 보았다. 편안한 얼굴로 손을 흔드는 여자 하나가 환영처럼 보였다. 이제 괜찮다고, 마음을 추스르고 나면 한번 다녀가라며 인사를 하는 모습이었다. 그랬다. 바다는 바다의 일을 했을 뿐인데 애먼 바다만 미워했다. 나도 나의 일을 하겠노라, 마음먹었다. 바다와 흉금을 터놓고 화해하고 싶었다. 분노와 원망의 눈초리를 거두고 순한 눈빛으로 바다를 바라보는 게 내가 할 수 있는 알량한 사과였다.

　다시 찾은 바닷가, 나와 바다는 오랫동안 마주 보며 그때를 반추했다. 돌아올 줄 알았다며 내 발에 물살이 살살 장난을 건다. 그때 보았던 심드렁한 바다는 자세를 고쳐 역동적인 몸짓으로 나를 반긴다. 바위에 거푸 올라타는 파도를 본다. 너른 아버지 등에 매달려 장난치는 아이 같다. 마냥 천진스럽다.

봄동이랑 꼬막이랑

나에게 봄은 봄동과 함께 온다. 겨울이 지날 무렵 봄동을 발견하면 드디어 봄이 왔구나, 싶다. 봄을 가장 먼저 알리는 채소가 봄동이란다. 옆으로만 자란 짜부라진 모양새가 재밌어서 납작배추, 납딱배추, 딱갈배추라는 별명을 지녔다.

누가 봄동을 깔고 앉았을까. 이른 봄날, 산으로 들로 겨울잠 깨우러 바삐 다니던 햇살이 잠시 쉬어가느라 앉은 방석이 봄동이지 않을까. 햇살의 엉덩이는 꽤 무거운가 보다. 펑퍼짐한 엉덩이의 묵직함이 느껴지게 납작해진 걸 보면 말이다.

겨우내 김장 김치를 먹었다면 이제 다른 맛에 눈이 갈 즈음이다. 봄동 겉절이는 입맛을 돋우기에 안성맞춤이다. 달면서 사각거리는 식감이 먹어도 먹어도 물리지 않는다. 봄동 생김새가 다소 거친 느낌이 들지만 보이는 게 다가 아니다. 한입 먹어보면 아사삭 씹히는 연한 봄동에 반할 수밖에 없다. 이제 막 봄에 접어들었는데 질긴 맛이 있을 리 만무하다.

어떤 맛에 꽂히면 줄곧 한 음식만 먹는 버릇이 있다. 남편은 그 맛에 질려서 나가떨어질 때까지 고집하는 나를 이해 못 한다. 맛있는 음식도 좋은 노래도 한 자리에 두고 가끔 즐기는 게 좋지 않냐고 자중을 권한다. 그래야 더 오래가고 귀한 줄 안다나. 맞아, 참 좋은 방법이네, 머리로는 받아들이는데 몸은 어느새 특정한 쪽으로 치우치고 만다.

 봄동을 못 잊어 사흘거리 장을 보러 간다. 하루 지나 노란빛으로 물들기 시작한 시들한 봄동이 떨이로 나오기도 한다. 이럴 때는 두 봉지를 덥석 집는다. 비닐 포장 안에는 봄동 두 개가 들었다. 막상 봉지를 풀어보면 제값 주고 사는 봄동과 별반 다르지 않다. 봄동 방석 네 장을 펼쳐놓으니 주방이 환하면서 그득하다. 꽃만치 예쁘다. 봄동을 넉넉히 쟁였다 싶어서 양념은 부러 순하게 한다. 볼이 터지도록 헤프게 먹을 심사로 달뜬다.

 봄동을 씻으면 흙이 제법 묻었다. 언 땅을 녹여 싹을 올리게 도운 기특한 흙이다. 한 장 한 장 일일이 떼어내며 구석에 붙은 흙을 털어낸다. 땟국물 낀 손을 씻어주듯 뽀득뽀득 손질한다. 마침내 드러난 새하얀 속살. 먹기 좋게 한입 크기로 자른다. 채에 담아 물을 빼는 동안 양념을 만든다. 진간장, 멸치액젓에 고춧가루를 불린다. 양파를 넉넉히 넣고 마늘, 매실액과 식초도 몇 방울 넣는다. 때때로 된장을 한 숟갈 넣기도 하고 마지막에 참기름을 쪼르륵 떨어트린다. 통깨로 마무리하면 짐작한 그 맛이 난다. 물 뺀 봄동을 큰 그릇에 붓고 준비한 양념을 섞으면 완성이다.

 봄동 겉절이에 환상의 짝꿍을 붙여줬다. 꼬막무침이다. 뜨거운

밥에 봄동 겉절이와 꼬막무침을 넣고 쓱쓱 비벼 먹으면 그야말로 둘이 먹다 하나가 어찌 되어도 모를 맛이 탄생한다. 고소하면서 달짝지근한 봄동 맛과 쫄깃하면서 달큰한 꼬막으로 정신줄 놓고 먹어대다가 혀를 깨물기도 했다.

꼬막은 봄동과 견주면 밥상에 올리기까지 손이 많이 가는 게 다소 성가시다. 바락바락 꼬막을 씻어 삶고 일일이 살을 발라내고 도로 껍질에 하나씩 올려 양념을 얹는다. 지난해까지는 이 과정을 지켰다. 몇 년 이리해 보니 보기에는 좋지만, 꼬막 껍데기가 접시를 많이 차지해서 주체스러웠다. 올해부터는 껍데기를 버렸다. 오로지 꼬막살만 갖은양념으로 버무렸다. 두세 개씩 집어먹어서 푹푹 줄어드는 게 유일한 단점이다. 사 들고 왔을 때 묵직하게 보였던 꼬막이 반찬으로 거듭나면 작은 통 하나에 겨우 찬다.

꼬막무침은 딸이 드물게 먹는 조개다. 십여 년 전 켜켜이 쌓아올린 꼬막무침을 보며 고급 요리라서 엄마가 안 해주는 줄 알았단다. 심지어 먹고 싶은 꼬막을 위해 시를 짓기까지 했다. 성냥팔이 소녀처럼 불쌍한 척하는 딸 때문에 제철이면 빠트리지 않고 챙겨 먹는다. 초봄에 반짝 먹을 수 있는 봄동과 꼬막의 만남은 나를 살찌게 한다. 봉긋한 목련 봉오리처럼 내 볼도 연일 도도록해진다. 볼과 비례해 뱃살은 곱으로 부풀고 있다. 봄동이 사라지면 살을 빼야지, 꼬막이 안 보이면 다이어트 시작이야, 하나 마나 한 흰소리를 하면서 말이다.

한솥밥을 먹는 식구라도 식성이 같을 수는 없다. 엄마 아빠가 즐겨 먹는 맛을 길들이려 애써도 아이들은 삐죽 입만 나올 뿐 시큰둥하다. 이런 맛을 몰라서 애석하기 짝이 없지만 부모가 밀어붙이기엔 아이들은 이미 머리가 굵어졌다. 딸이 일 년 동안 캐나다 있을 때 밥을 다섯 번도 채 먹지 않았단다. 김치는 한 번도 안 먹었다고. 그런데도 아쉽지 않았다는 게 의아스러웠다. 밥과 김치 없이 끼니가 해결되는 게 나로서는 있을 수 없다. 나는 뼛속 깊이 한식쟁이니까.

한국으로 돌아와서도 딸은 우리와 다른 음식을 먹는다. 각종 채소를 사 와서 나보다 건강하게 먹는다. 어제는 퇴근해서 가보니 큰 들통 반을 채운 채소 수프가 있었다. 내가 눈길도 안 주는 서양 채소를 가득 넣고 끓였다. 식혀서 한 끼 먹을 분량으로 얼려둔다. 당분간 그것만 먹는다.

아이들과 달라지는 게 입맛뿐일까. '우리는 이제 당신들과 다릅니다' 은연중에 우리와 결이 다름을 알리는 게 나날이 는다. 딱히 틀린 게 아니니 뭐라 입을 떼기도 뭐하다. 내가 사랑하는 봄동을 먹어주면 내 말을 잘 들어주는 것 같아서 흐뭇할 따름이다. 봄동과 꼬막으로 만든 비빔밥을 아이가 흔쾌히 받아들면 어찌나 뿌듯한지. 햄버거 잘 먹는 엄마를 재미나게 쳐다보는 애들 심정이 이랬을까.

냉장고에는 봄동 겉절이가 든 큰 반찬통과 꼬막무침이 든 작은 반찬통이 있다. 주말 식탁에 삼겹살과 같이 내놔봐야겠다. 삼겹살에 끼워팔면 아무래도 장사가 좀 될 듯도 싶다.

어서 와, 코로나는 처음이지?

　여름휴가가 한창이던 토요일 아침, 우리 식구는 부산으로 여행을 떠났다. 하필 금요일 밤부터 살짝 몸살 기운이 있었다. 자고 일어나면 나을 정도로 대수롭지 않았다. 예상과 달리 아침에 일어나도 몸살 기운은 여전했다. 먹지도 않던 아침을 서둘러 챙겨 먹고 약을 복용했다. 나 때문에 가족여행을 망칠 수는 없었다. 수박을 갈아 주스 한 통을 만들어서 휴게소에서 기분 좋게 나눠 마셨다. 몸은 다소 나아지는 듯했다.
　예상보다 차가 밀리지 않아 부산 진입이 쉬웠다. 점 찍어 둔 60년 전통의 돼지국밥집을 찾아갔다. 맛집답게 땡볕에서 길게 늘어선 개미 떼 같은 긴 행렬이 보였다. 허름한 식당 안은 사람들로 꽉 찼다. 가격은 우리 동네보다 쌌고 맛은 우리 동네보다 좋았다. 김치 맛은 이런 김치를 제발 담아달라는 아이들의 호소에 딴지를 못 걸 만큼 흡족한 맛이었다.
　부푼 배를 안고 바다가 보이는 카페 테라스에 자리를 잡았다. 남편은 틈틈이 졸고 딸은 뜨개질하느라 연신 손가락을 놀렸다.

나는 바다 멍을 했다. 아니, 사람 멍을 했을까. 오가는 사람들을 쳐다보는 것만으로도 심심할 겨를이 없었다. 크롭 티가 유행인 것을 실감했다. 남의 배꼽을 목욕탕 말고 제일 많이 본 날로 기억되겠다. 멍때리기를 한 까닭은 달리 다른 일에 몰두할 만치 체력이 안 따라줬기 때문이다. 몸살 기운은 여전히 나를 감쌌다. 화장실을 가려고 건물 로비로 들어서니 에어컨 바람에 오소소 몸살이 더 뻗쳤다. 얼른 숙소로 들어가 침대에 뻗어버리고 싶었다.

세 시쯤 호텔로 이동했다. 딸과 내가 한방을 쓰고 남자 셋이 함께 썼다. 우리는 7시에 만나서 저녁을 먹기로 하고 휴식을 취했다. 포근한 침대에 눕는데 제법 두꺼운 이불을 덮고도 성에 차지 않았다. 한층 몸살 기운이 감돌았다. 이리저리 뒤척이다 잠이 들었다. 애써 정신을 차려 7시에 만나 검색한 식당으로 이동했다. 텐동 맛집이었다. 이 식당을 가려고 일부러 서면에 약속을 잡는다는 후기도 있었다. 역시 징글징글한 웨이팅. 좁은 골목 귀퉁이에 새끼 고양이 밥 먹는 모습을 지켜보면서 내가 먹을 밥을 하염없이 기다렸다.

드디어 들어간 식당 안은 테이블이 몇 개 없었다. 젊은이 셋이 일사불란하게 움직이는 모습이 인상적이었다. 테이블에 놓인 패드로 주문했다. 오인 식구는 다섯 개의 요리를 주문하고 세 사람은 생맥주도 시켰다. 보기에 더없이 예쁜 음식들이 착착 테이블을 채웠다. 아이들은 무조건반사로 사진을 찍어댔다. 테이블 위는 그릇을 겹쳐야 할 정도로 꽉 찼다.

내가 새우튀김을 하나 먹었을 때였나. 갑자기 속이 불편해져 오는 게 느껴졌다. 급히 화장실로 갔다. 심하게 설사를 해버렸다. 돌아와 의자에 앉았지만, 식욕을 아예 상실한 상태였다. 연신 맛있다고 먹어대는 식구들을 보아도 전혀 마음이 동하지 않았다. 가지튀김을 한 입 베어 물고 '와, 식감 미쳤다!'라는 저급한 감탄사를 연발하는 아이들을 물끄러미 쳐다만 봤다. 내가 허덕대지 않아선지 음식을 남기고 나왔다.

젊음으로 휘청이는 서면 밤거리를 거닐다 숙소로 들어왔다. 후다닥 씻고 침대 안으로 들어갔다. 에어컨을 25도로 설정했는데 살이 떨리게 추웠다. 그날 밤 내내 마른기침이 났다. 목이 조금씩 붓는 느낌도 들었다. 이불을 덮어도 추웠다.

"엄마, 혹시 코로나 아니에요?"
"코로나는 무슨! 그냥 몸살이야. 내일이면 괜찮아질 거야."

딸의 의심을 딱 잘라 부정했다. 나는 일 년에 한두 번 정도 이유 없이 몸이 으슬으슬 추웠다가 괜찮아진다. 으레 하루 자고 일어나면 괜찮아지는데 이틀은 좀 길긴 했다. 10년도 더 넘게, 오랜만에 식구끼리 여행 와서 몸이 이 지경이 되고 보니 화가 슬슬 차올랐다. 노래 가사처럼 '이게 무슨 일이야, 이렇게 좋은 날에!'

뒷날 오전도 내내 침대 안에서 뭉그적거리다 11시쯤 체크아웃을 하고 호텔을 나왔다. 마지막 점심 한 끼! 단톡방에서 합의 본 음식은 돌솥비빔밥이었다. 내비를 찍고 들어간 식당은 양식이 어울리는 레스토랑 분위기였다. 아들 둘은 가장 비싼 살치살 돌솥

비빔밥, 딸은 꼬막돌솥밥, 우리 부부는 산채돌솥밥을 주문했다. 막둥이가 가족사진을 찍자고 해서 음식이 나오기 전 급히 서너 장을 찍었다. 이 사진이 가족의 부산 여행을 입증하는 유일무이한 증거자료가 될 줄 그때는 몰랐다.

음식이 나오고 한 숟갈을 먹자마자 속이 심하게 울렁거렸다. 구토를 일으킬 조짐이 보였다. 황급히 화장실을 찾았으나 아무것도 나오지 않았다. 다만 머리가 핑 돌아서 바닥에 멍하니 앉았다. 어젯밤 그 식당에서처럼 식탁에 앉았지만 한 술도 뜨지 못했다. 어쩔 수 없이 그대로 남겨버렸다.

식구들은 입을 모아 응급실을 가자고 수선을 떨었다. 몇 번 손사래를 치다가 더 완강한 식구들에 밀려 응급실을 찾았다. 의사는 코로나가 의심된다며 콧구멍에 긴 면봉을 들이밀었다. 당연히 쓸데없는 짓이라 여겼기에 너무 기가 찼다. 5분 뒤 등장한 의사 얼굴 앞에 보호막이 걸쳐있다. 두 줄이라며 코로나란다. 임신 테스트 이후 두 줄은 처음 봤다.

다른 건 될지라도 코로나일 줄은 몰랐다. 내가 누구를 만났다고 코로나냐 말이다. 금요일 저녁 운동까지 잘하고 밤부터 몸살 기운이 있었는데 도대체 어디서 묻었을까. 한편으로 후련했다. 몸에서 일어나는 일련의 이상증세의 답을 찾은 것만도 한결 가뿐해졌다. 더욱이 엉덩이 주사를 두 대 맞아서인지 금세 오한이 사라졌다.

이제, 당면한 문제는 에어컨을 틀고 내내 한 차로 다섯이 다녔으니 이 중에 몇 명이 확진으로 나올까였다. 식구들은 생각보다 담담했다. 전 지구인의 집을 방문하는 바이러스가 드디어 우리 집에도 임했다는 체념이었겠다. 집에 오자마자 간밤에 설친 잠을 벌충하듯 침대에 쓰러져 잤다.

  월요일 아침, 막둥이는 목이 따끔거린다고 딸은 목이 부은 것 같단다. 둘 다 확진을 받았다. 큰아들은 몇 달 전에 우리 집 대표로 확진을 받아서 이번에는 건너뛸까. 남편도 현재 컨디션이 좋은 편인데 잘 넘어갈까. 이번 달은 유난히 일이 많아서 제발 비껴가길 바란다. 그런데 이틀 내내 내가 보조석에 앉았는데 걸리지 않는 게 가능할지 미지수다. 남편이 늘 주장하는 슈퍼 유전자인지 아닌지는 더 두고 볼 일이다.

  점심으로 막둥이가 좋아하는 짜장면을 시켜 먹었다. 셋 다 확진자이니 우리는 서로에게 거리낌이 없어서 편했다. 막둥이는 학교 가는 게 더 좋겠다고, 딸은 일하러 가는 게 낫겠다고, 나도 가게에 나가고 싶다고 돌아가며 금연 캠프에 참석한 애연가처럼 고백했다. 다들 그저 그래 보였던 일상을 몹시 그리워했다.

  이 글을 마무리하려는 즈음, 남편 전화를 받았다. 여전히 몸 상태는 좋다고, 그런데 목이 좀 따끔거린다는데…….

붕어빵

　얼마 전부터 아파트 초입에 있던 붕어빵 아저씨가 안 보인다. 사십 대 후반의 남자가 모자에 마스크를 쓰고 늘 선 자세로 일했는데 별안간 문을 닫았다. 마스크를 끼고 있으니 말을 붙이기가 조심스러워 늘 주문만 하고 변변한 얘기를 나누지 못했다. 그러다 용기 내어 말을 붙이자 둥근 빵틀이 한 바퀴 돌 때까지 말을 쏟아냈다.

　아침부터 붕어빵을 구워서 손님이 너무 없으면 그걸 죄다 점심으로 때운다고도 하고, 갑자기 손님이 몰리면 기다리다 그냥 가버리는 사람도 있어 속상하다는 지극히 붕어빵 주인 시점의 넋두리를 풀어놨다. 마스크에 입 모양이 보이지 않아 살짝 두루뭉술한 음성이었다.

　삼천 원 치를 사면 꼭 한 마리를 덤으로 줘서 종이봉투가 묵직하고도 따뜻했다. 아저씨는 솜씨가 좋아서 까실까실한 비늘이 촘촘히 살아있으면서 고소했다. 속도 알찼다. 아저씨 붕어빵을 아이들은 참 좋아했다. 슈크림이 든 빵만 먹는 막내아들이 더는 못 먹게 되어 가장 허전해했다.

붕어빵 리어카는 그 자리 그대로 자리만 차지했다. 멀리서 보면 마치 문을 연 듯 보여 혹시나 하는 마음으로 다가가 보았다. 리어카와 기계를 포함한 집기 일체를 무상으로 빌려줄 테니 연락하라는 팻말만 바람에 시소를 타고 있었다. 우리는 하루아침에 붕어빵도 못 사 먹는 불우한 사람으로 전락했다. 붕세권이라는 타이틀도 내려놔야 한다.

그러던 어느 날, 휑뎅그렁하던 리어카에 비닐이 벗겨지고 사람이 서 있는 실루엣이 보였다. 삼십 대 여자였다. 아니나 다를까 그리운 붕어빵 비린내가 솔솔 풍겼다. 나는 그곳을 무심한 듯 지나쳐오며 입꼬리를 방시레 올렸다. 마침내 붕어빵을 먹을 수 있는 행복한 환경을 되찾았다.

오래간만에 기다리던 붕어빵을 샀다. 마침 큰아들이 필리핀 선생님과 화상영어를 하는 중이라 접시에 팥 맛과 크림 맛 하나씩을 담아 수업하는 아이한테 줬다. 선생님이랑 사이좋게 나눠 먹으라는 예의 바른 농담과 함께. 잠시 뒤 선생님이 웃으며 블라블라 말하는 소리가 유쾌하게 들렸다. 노릇노릇 잘 구워진 붕어빵을 먼 나라 선생님께 화면으로만 보여주고 혼자 두 마리 다 먹었겠다 싶어 피식 웃음이 났다.

막내아들은 붕어빵 봉지를 보자마자 하는 말이
"엄마한테 붕어빵 사달라고 말하려 했어요."
"그랬니?"

"손님이 없더라고요. 아무도 없어서 좀 그랬어요."

나도 빵 굽는 사람 앞에 손님이 없으면 괜히 신경이 쓰였는데 막내아들도 같은 마음이었나 보다.

한번은 같이 붕어빵을 사 들고 오면서 아들한테 물었다.

"아빠나 엄마가 붕어빵 팔면 넌 부끄럽겠니?"

"부끄럽지는 않은데요. 미안할 거 같아요."

"왜?"

"계속 서 있어야 하잖아요. 다리도 아프고 그러니까 미안한 거죠."

괜히 뭉클해져 살짝 탄 붕어빵 꼬리를 꽉 물어버렸다.

그런데 주인이 바뀌어 맛도 바뀐 게 문제였다. 더 정확히는 예전 주인만 맛이 못했다. 밀가루 냄새가 많이 났는데 피가 두껍고 팥 양이 적은 게 원인 같았다. 식구들의 일치된 의견이었다. 그 외에도 개선할 점을 이야기 나누었다. 나는 폰 메모장에 상세히 기록했다. 아이들이 그걸 왜 적냐길래

"그 아줌마를 위해서야. 냉정한 모니터링을 해줘야 더 잘 만들지. 그래야 오래 장사할 거잖아. 우리가 맛있는 붕어빵을 더 두고두고 맛보려면 알려 줘야 해."

아이들은 진심으로 맞는 말이라며 고개를 끄덕였다. 당장 내일이라도 갈 것처럼 말만 하고 아직 가지 못했다. 시식 결과를 알려 줘야 하는데 밉상스레 굴기가 쉽지 않다. 아! 말해줘야 하는데, 또 문 닫으면 안 되는데…….

빙판길 조심하세요

 벚꽃이 지고 잎이 나는 시기인데 빙판길 조심하라는 말은 자다가 봉창 뜯는 소리겠지. 나는 기억에 없는데 '빙판길 조심하세요'라는 말을 했단다. 들은 사람이 있어서 잡아뗄 수가 없다. 그것도 새벽 1시 50분경에 통화하며 그랬다는데 청문회 단골 답변처럼 기억나지 않습니다.
 사건은 이랬다. 새벽에 성내는 남편 목소리에 잠이 깼다. 잠결이라 정확하진 않지만 "이 시간에 무슨 전화고!" 이런 말이 들렸다. 버럭 소리를 냈으니 깊은 잠에 취해있어도 깰 수밖에 없었다. 남편은 이불을 거세게 제치고 밖으로 나갔다. 화장실에서 볼일을 보고 주방으로 옮겨가 물을 들이켜는 소리가 들렸다. 식탁에 컵을 신경질적으로 탁 소리를 내며 내려놓았다. 남편이 자리로 돌아와 누웠다. 손목을 이마에 얹고 아주 언짢은 전화를 받은 사람처럼 호흡이 식식댔다. 어둠 속에서 오직 소리만으로 모든 것이 훤히 감지됐다.
 모른 척하는 것이 나을 것 같아 숨을 죽이고 있었다. 그와 나는 잠들기 전 사업 문제로 꽤 심각한 대화를 하긴 했다. 그러다 한밤중에 거래처 사람과 통화한 것이라 여겼다. 굳이 그 시간에 통화해야만 했을까 싶어 누군지도 모를 그 사람을 먼둥먼둥한 상태에서 원망했다. 대체 그가 누구인지 아침에 일어나면 물어보리라 다짐하며 스르르 잠으로 빠져들었다.

아침, 새벽에 일어난 일에 약속이나 한 듯 둘은 입을 다물었다. 어제와 별로 다를 게 없는 하루였다. 저녁밥을 먹으며 남편이 뚱하게 물었다.

"새벽에 누구랑 통화했는데?"

"무슨 통화?"

"새벽에 전화했잖아, 누구한테 빙판길 조심하세요, 하면서 말했잖아."

"빙판길 조심하세요? 그건 또 뭔데?"

"당신, 새벽 두 시 가까이 돼서 휴대폰으로 통화 안 했나?"

"그 시간에 내가 누구랑 통화를 해!"

"당신 말하는 소리에 내가 잠 깼잖아. 새벽 1시 50분에."

"나는 당신 성내는 소리에 잠 깼다. 새벽 1시 50분에."

같은 시간에 둘 다 휴대폰을 열어 시간을 확인한 모양이었다.

퍼즐을 맞춰보니 내가 잠꼬대로 '빙판길 조심하세요'라고 또박또박 내뱉은 말이 화근이었다. 물론 빙판길 앞에도 여러 말을 쏟았겠지만, 남편에게 얻어걸린 말은 '빙판길 조심하세요' 뿐이었다. 옆에서 자던 아내가 누군가에게 그런 당부를 하고 있는데 어느 남편이라고 귀가 번쩍 열리지 않겠는가. 다소곳한 존댓말까지 받는 상대가 몹시도 궁금했겠다. 그런데도 꼬박 하루를 묵혀 물어보는 그였다.

남편은 남자일 거라 넘겨짚는 눈치였다. 황급히 전화를 끊는 폼새가 그랬다나. 억울할 뿐이었다. 그는 전화기를 확 빼앗지도 않고 벌컥 짜증 내는 것으로 불편한 심기를 드러냈던 터였다. 실상은 내가 놀라서 잠꼬대를 끊은, 아니 멈춘 거였다.

되려 남편은 분을 삭이지 못해 방을 나가 찬물까지 마셨다. 자리에 누웠으나 화딱지 나서 잠을 이룰 수가 없더란다. 놀란 아내가 분명히 깼을 게 짐작되지만, 버럭 댄 것이 겸연쩍어 말 붙이기 그랬다면서. 참말로 그랬다. 그 시간에 깨어있었다. 저 사람이 일 때문에 몹시 괴로워하고 있구나, 자다가 거래처와 통화할 정도로 힘들구나, 여겨져 잠 못 들고 있었다. 같은 이불을 덮고 우리는 동상이몽을 겪었다. 잠꼬대가 기폭제가 된 일임을 알고 한참을 웃었다. 오해가 풀려서 다행이었다.

잠꼬대는 유별난 내 버릇 중 하나다. 결혼 전에도 언니들이 잠꼬대가 심하다는 말을 곧잘 했다. 녹음해서 들려주고 싶은 적이 한두 번이 아니었다니 퍽 궁금했다. 주옥같은 방언들이 뭐였을지 무의식에서 터져나온 나의 천상의 목소리가 듣고 싶었다. 초등학교 다니던 시절, 언니가 증언해 준 잠꼬대는 '네모 안에 알맞은 말을 넣으시오'였다. 내가 그랬을까 싶은 모범생다운 잠꼬대라서 지금도 기억 속에 쟁여두고 있다.

어처구니없는 빙판길 사건은 웃고 넘어갔으나 내심 겁이 난다. 꿈에도 잊힐 리야, 하듯 자다가 꽁꽁 밀봉한 이름 하나가 튀어나오면 어떡하나 걱정이다. 아니면 남편 모르게 사고치고 묻어둔 일이 잠꼬대로 까발려져 그의 귀에 들어가면 어쩌나 염려도 된다. 코골이 대장인 남편 소리가 더 커서 자다가 천기를 누설하더라도 묻힐 확률이 높긴 하지만 이번처럼, 봉인 해제가 되기도 한다. 제어할 수 없는 잠꼬대가 적잖게 신경 쓰인다.

베개를 나란히 베고 누워 남편에게 말했다.

"여보, 꿈에서 당신한테 빙판길 조심하세요, 했을 수도 있잖아."

"당신이 언제 조심하세요, 이런 말 나한테 쓰나? 조심해라, 하지."

"하긴, 그러고 보면 정말 당신은 아니네. 그러면 그 사람은 누굴까? 진짜 궁금하다. 오늘 꿈속에서 만나면 잘 기억했다가 내일 말해줄게. 잘자!"

손

백일장 시제가 손이다. 생각을 안 해 본 제목이다. 참가자가 아닌 아이의 보호자로 행사장에 갔는데 현장 접수가 된다는 말에 덜컥 자리에 앉았다. '손이라, 손으로 뭘 써 보지?' 손을 하나도 아니고 두 개나 지니고 있는데 글감이 쉬이 떠오르지 않았다. 머릿속을 뒤지고 뒤져 어렵게 하나를 꺼내 들었다. 기다란 종이 위에 써 내려갔다. 악필을 감추느라 손아귀에 힘이 바짝 들어갔다. 손이란 시를 짓느라 손이 아프도록 혹사당했다.

보름이 지나 백일장 발표가 홈페이지에 올라왔다. 학생부에서 아이 이름을 찾는데 보이지 않았다. 계속 뒤지다가 나와 같은 이름을 보았다. 장원 자리에 걸려있다. 남편에게 '당신 손가락이 다섯 개인지 여섯 개인지 기억이 없다' 말했었다. 손잡아 본 적이 오래되어서였다. 그 뒤로 남편은 두어 번 의식적으로 잡더니 이내 본래로 돌아갔다. 지금은 남편의 손가락이 몇 개인지 잊은 채 잘 지낸다. 서운함이 섞인 푸념 덕에 시를 지었다. 뭐든 백 프로 나쁜 건 없다.

손을 보면 살아온 그 사람의 삶이 보인다고 한다. 태생적으로 나처럼 손이 발같이 못나기도 해서 꼭 들어맞지는 않지만 대체로 그런 편이다. 지금도 손을 많이 쓰는 일을 한다. 손 아끼려는 마음은 집에 고이 접어두고 일하러 나간다. 퇴근해서 보면 퍼런 멍도 보이고 언제 찍혔는지 도통 알 길 없는 생채기가 눈에 띈다. 못난 손은 갈수록 더 밉게 변한다.

재래시장에 앉은 상인들은 좌판을 벌여두고 손을 놀리지 않는다. 꼬박꼬박 졸면서도 나물을 다듬거나 조개를 깐다. 나도 손에 뭐든 조물딱거리고 있어야 마음이 편하다. 드라마를 보면서 빨래를 개거나 저녁상에 오를 채소를 다듬는다. 그것도 여의치 않으면 덜렁대는 셔츠 단추를 기어이 찾아내 붙들고 있다. 소파에 앉아 멍하니 티브이만 응시하는 모습이 용납이 안 되어서 애꿎은 손만 들들 볶는다. 번번이 드라마에 집중이 안 되어서 흐름을 놓친다.

딸은 엄마 새끼손가락이 작고 귀엽다고 곧잘 만진다. 그러면 나는, 이런 게 하나 더 있다고 다른 편 새끼손가락을 보여준다. 모녀는 깔깔 웃는다. 딸의 손가락은 아빠를 닮아 길쭉하니 예쁘다. 하얗고 긴 손가락에 빨갛게 노랗게 때로는 파랗게 매니큐어를 칠한다. 중학생일 때부터 네일아트에 관심을 가지더니 지금은 제법 아마추어를 넘어선 솜씨다.

손이 예쁜 딸이 캐나다에서 지내다가 돌아오는 시점이 코로나로 우왕좌왕하던 초입이었다. 대여섯 번 거듭되는 비행기 예약취

소로 먼 나라 딸과 이곳의 우리는 피가 말라갔다. 귀국하고는 보건소에서 곧장 지정된 호텔로 데리고 가버렸다. 음성판정으로 뒷날 늦은 밤에 집으로 돌아왔다. 비로소 얼굴을 마주했으나 딸을 덥석 안을 수 없었다. 손 한번 잡아보지 못했다. 2주간의 격리가 끝나서야 아이를 안았다. 양성이 아님을 믿었지만, 속마음은 혹시나 하는 다른 마음도 있었을까. 딸에게 미안했다.

연일 뉴스나 재난 문자로 사회적 거리를 두라고 귀에 딱지 앉게 훈련받았다. 코로나 초기에는 한 사람의 확진으로 둘레로 번져가면 전 국민이 열을 올려서 비난했다. 원인 제공자인 듯 보이는 사람은 사회에서 매장될 정도로 광분을 샀다. 그 사람인들 누군가에게 감염된 것일 텐데 말이다. SNS를 통해 신상이 공개되고 그 집 앞을 지키며 감시하기에 이르렀다. 그런 소식을 수시로 접해서인지 딸을 만나도 움츠러들었다. 하나밖에 없는 내 딸인데 와락 안아주지 못한 것이 두고두고 마음에 걸렸다. 딸이 좋아하는 새끼손가락 하나 내어주지 못했다. 올바른 처신이라지만 내가 나한테 앙금이 남았다.

손만 잡아도 두 마음이 용접되어 하나로 이어진다. 곁에서 내미는 말 없는 손길로 얼었던 마음이 스르르 녹는다. 어떤 사람이 가까운 사람의 부고 소식을 듣고 도무지 무슨 말을 해야 할지 모르겠다고 질문했다. 그저 안아주고 손잡아 주면 된다고, 굳이 말하지 않아도 된다는 조언을 들었다. 말을 꼭 입으로 할 필요는 없지 않은가. 코로나 시절이라 이것조차 할 수가 없어 우리는 또 하나의 언어를 잃었다.

 선거철에 악수로 한 표 부탁하는 정치인들은 손을 맞잡는 것에 놀라운 힘이 있음을 알아서겠다. 어느 정치인은 하도 많은 사람과 악수를 해서 손에 통증이 심해져 여러 날 고생했다고 훗날 밝혔다. 옛날 영화 속에 총 맞아 죽어가는 연인이 손끝이라도 닿으려다 끝내는 잡지 못하고 숨이 끊어지는 진부한 장면이 심심찮게 나왔다. 손이 닿는다고 살아날까마는 손이 연결되면 마음이 연결된다는 본능적 이끌림이지 않을까. 죽어서도 하나이길 원하는 상징적인 몸짓이 손잡기라는 데 이의는 없을 듯싶다.

 무덤덤한 경상도 남자와 곰 같은 한 고향 여자는 밤마다 두 손을 각자 주머니에 찔러 넣고 운동은 잘도 다닌다. 다섯 개인지 여섯 개인지 아니면 그새 하나 더 생겼는지 내가 남편 손을 잡아볼까. 아직은 손 시린 겨울, 호주머니에 든 갑북갑북 두 주먹이 자연스레 밖으로 나올 봄까지 기다려봐야겠다.

제3장

어머니에게 편지 쓰기

 문자나 메일이 손 편지 자리를 온전히 넘겨받은 시대다. 어머니가 핸드폰 장만해서 처음 보낸 문자가 '영아, 너도 세 마리 키운다고 고생이 많다'였다. 오타 하나 없었다. 그 뒤로 간간이 문자가 왔다. 연세보다 월등히 젊게 사는 42년생 할머니이다. 장문의 글을 가족 단톡방에 올리고 건강정보를 링크 걸어주거나 단체문자도 보낸다. 웃는 그림이라 부르는 이모티콘도 배운 신세대 할머니가 맞긴 하다. 며칠 전에는 '엊그제 우유는 잘 받았다'로 시작하는 15줄의 카톡을 받았다.
 내 동시집을 받고 시에는 시로 답장해야 옳다고 늦은 밤에 톡을 보내왔다.

 눈이 머멍
 내 나이 어느덧 팔순을 넘어서니
 내 셋째딸 녀석이 아들딸 셋을 낳았네

셋째가 셋을 낳았다며 한바탕 웃음꽃을 피우더니
그래도 어느 한구석에 시심이 숨어있었는지
예쁘게 단장한 시집이 불어왔네 오늘 택배로

고등학교 다닐 때 라면 끓여 밥 말아 먹으며
두 다리 벌리고 퍼질러 앉아
한 가닥 빼앗길세라 곁눈도 돌리지 않더니
어느새 나이 오십을 넘어선 중년에 동시집을 냈다니

어미인 내가 팔순을 지난 나이에 죽치고 앉아
단숨에 시집 한 권 다 읽느라 내 눈이 멍멍하네

책을 봐도 아이패드를 봐도 쉽게 멍멍해지는 내 눈
이것도 내 나잇값으로 봐야 할까!
자꾸만 멍멍해지는 내 눈이 간절히 휴식을 기다리네

동시집 한 권에 맞먹는 단단한 시를 썼음에도 어머니는 치매 초기 진단을 받았다. 어머니를 위해 오 남매는 여러 가지 계획을 준비했다. 그중 하나가 돌아가며 일주일마다 어머니에게 손 편지를 보내는 거였다. 오 남매 중 하나가 손 편지를 보낸 적 있단다. (나는 아직도 그가 어머니의 몇 번째 손가락인지 모른다) 그 편지를 그리 좋아했다 해서 시작되었다. 다들 흔쾌히 그러자 했지만 정작 내가 썩 내키지 않았다. 차라리 날마다 전화하거나 찾아뵙는 게 쉬울 듯했다. 글 쓰는 일이 잦은 나를 두고 '너는 거저먹겠네' 말하지만 사정은 그렇지 않다. 친한 사람보다 더한 가족에게 편지는 낯간지러워 한없이 아득해졌다.

어머니를 세상 누구보다 아끼는 막둥이이자 장남은 계획표를 만들어 독려한다. 어길 시 벌금 십만 원. 은행에서 이름 석 자도 반듯하게 못 써 이름의 받침 'ㄴ'을 'ㅇ'으로 써서 다시 쓸 때도 있는 셋째딸이다. 자판에 길들어진 탓이라 궁색한 변명을 한다. 이러니 손 편지 숙제가 죽을 맛이다. 옛날에 그 많은 편지는 어찌 썼는지 그때 손가락과 지금 손가락은 아무래도 중간에 교체가 한번 됐지 싶다.

외국에 사는 큰언니와 여동생은 특별히 온라인 편지를 쓸 수 있는 특혜가 주어졌다. 이런 좋은 방법이 있다니! 나도 타이프쳐서 온라인 편지를 쓰겠다고 선언했다. 남동생은 외국으로 나가서 이용하란다. 어머니는 손 편지를 좋아한다고 쐐기를 박는다. 장남의 독재는 더 나아가 우체통 앞에서 인증샷을 찍어 단톡방에 올리란다. 차일피일 미루는 꼴이 못마땅해서다. 이만저만 탄압이 아니다. 동네 돌아다니며 빨간 우체통을 찾아 넣는 순간을 찍어 올렸다. 일 년을 모아 책으로 만든다는데 큰일이다. 정말 별말 안 썼는데.

불면증으로 라디오를 켜놓고 잠자리에 드는 버릇이 있다. 잠결에 '마음을 형태로 만든 것이 편지'라는 음성이 들렸다. 귀가 번쩍

뜨이자 눈도 덩달아 뜨였다. 급히 폰 메모장을 열어 적어두었다. '아, 마음을 형태로 만든 게 편지라면 나는 대체 어머니께 무얼 보낸 거지' 비몽사몽이었지만 속앓이하다 잠들었다.

그 문장은 꿈결에 따라 들어왔다. 꿈속에서 고개 숙인 풀죽은 아이를 보았다. 아이는 마음을 반죽해 꽃을 만든다. 꽃잎 크기가 들쑥날쑥해서 예쁘지 않다. 아이는 못난이 꽃잎이 속상해 울먹울먹한다. 그걸 받아 든 어머니는 환하게 웃으며 아이를 안아준다. 며칠 전 우체통에 넣은 편지가 내내 마음에 걸려서 꿈까지 꾸었던 걸까.

큼직큼직한 글씨에 딱히 내용도 그저 그런 셋째딸 편지. 그걸 보내놓고 어머니가 기뻐할 것이라 아이처럼 기대에 부푼 나였다. 어머니는 편지를 읽고 전화했다. '영아, 니처럼 글자가 큼직하니 딱 봐도 니 글씨 같다' 웃으신다. 마음이 놓였다. 첫술에 배부를까. 한 달에 한 번도 아니고 오 남매이니 다섯 주에 한 번 쓰는 편지이다. 자꾸 쓰면 익숙해져 나아지겠지.

어머니께 쓰는 편지는 어린 날 썼던 편지와 결이 다르다. 어머니가 우리에게 필요한 존재임을 귀에 딱지가 앉도록, 눈이 짓무르도록 알게 하고 싶다. '매주 받는 독촉장도 아니고 너희 편지 귀찮아서 내가 한오백년은 살아버리겠다' 의욕을 보이게 말이다.

혹여 다하지 못한 말로 나중에 후회될까, 부지런히 편지로 토해내야겠다. 나를 위한 좋은 기회다. '우리는 여전히 어머니 젖이 필요한 아기들이에요. 그러니 건강히 우리 곁에 오래오래 계셔주세요' 마음 한 자락 슬쩍 얹어 보냈다. 책까지 만든다는데 잘 써야겠다는 욕심도 슬그머니 고개를 든다. 다섯 손가락 중에 글 좀 쓰는 손가락으로 알려졌는데 기대에 부응해야지. 어머니를 위한 편지지랑 봉투를 더 만들어야겠다. 괜찮은 펜도 이참에 장만할까.

자꾸 웃는 꽃

'자꾸 피는 꽃 팝니다' 당근으로 올라온 게시글 제목이다. 꽃 사진을 보니 제라늄이다. 파는 사람은 꽃 이름을 몰랐는지 그럴싸한 새 이름을 붙였다. 이름 모를 꽃이라고 안 한 게 어딘가.

이 꽃은 한번 피기 시작하면 연이어 핀다. 자꾸 피는 꽃이 이름이 될 수 없으나 제라늄이라는 이름보다 시적이어서 제목을 눈여겨보았다. 제라늄이 아니더라도 자꾸 피는 꽃은 널렸다. 날마다 피운다고 일일초, 백일 내내 핀다고 백일홍이라 부르는 꽃도 있다. 가게에 꽃기린도 쉼 없이 핀다.

밤 아홉 시, 걷기 운동하러 학교 운동장에 가면 교문 쪽 화단에 활짝 핀 분홍낮달맞이꽃과 마주친다. 다른 꽃들 다 스러져 자는데 오밤중에도 꽃잎을 모으지 않는다. 하긴 밝은 대낮에 만난 희멀건 낮달은 감질났겠지. 필시 밤달을 맞이할 심사로 고개를 들고 있을 터이다. 그 와중에 내가 약속한 열 바퀴를 다 채우는지 꽃잎을 달싹이며 헤아리고 있는 발칙한 분홍낮달맞이라고 상상한다. 열 번을 스치듯 그 앞을 지나가면 아스라이 퍼지는 향에 발걸음이 매번 더디다. 어슴푸레한 그 향으로 나를 응원한다고 또 멋대로 착각한다.

  자꾸 피는 꽃은 자꾸 웃는 꽃으로 바꾸어도 의미가 통한다. 웃는 낯에 침 뱉으랴, 하듯 웃는 꽃을 보면 구겨진 인상도 절로 환해진다. 웃을 일이 별로 없는 병실에 꽃 선물을 하는 연유도 그렇겠지. 국화 축제에서 보았던 사람들이 죄다 웃고 있었다는 게 퍼뜩 떠오른다.

  까르르 소리 내 웃는 아기를 보면 누구라도 따라 웃는다. 꽃같이 웃는 아기가 마침맞다. 과학적으로 아기는 억지웃음이 없단다. 자신이 웃는 이유조차 모를망정 일부러 웃지는 않는다고, 그런 계산을 할 줄 모른단다. 가식 없이 웃으니 어른 웃음보다 아기 웃음이 모양도 소리도 빛난다.

  타인에 대한 예의를 갖추느라 웃을 때가 있다. 언제 어디서나 웃어야 한다는 강박증에 시달린 한 연예인은 상갓집 영정사진 앞에서 윗니 여덟 개를 드러내어 웃었다. 그 모습에 스스로 충격을 받았다고 말했다. 과잉 웃음의 폐해다. 문자나 댓글에서 습관처럼 모든 문장 끝에 마침표처럼 ㅋㅋ나 ㅎㅎ를 붙이는 사람은 어떤가. 나는 이런 괴상한 문장에서는 웃음이 나지 않는다. 사람 뇌는 진짜웃음과 가짜웃음을 분간하지 못하고 똑같이 반응한다. 하여 뇌는 바보라서 가짜웃음도 통과시켜 엔돌핀을 내어준다. 과학적 사실이지만 헛웃음이 나온다.

  유치환의 '소리 없는 아우성'은 모순된 시적 표현이다. 자꾸 웃는 꽃도 소리는 나지 않으나 웃음소리가 들리는 듯하다. 꽃밭을 들여다보면 함박웃음의 물결에 절로 입꼬리가 올라간다. 자세히 보아야 예쁜 줄 보이는 눈곱만한 들꽃도 사람을 웃게 하는 눈곱보다 큰 힘을 지녔다.

　우리 동네에 구둣방 아저씨는 청각장애인이다. 닳아버린 밑창을 보여주고 빙그레 웃으면 아저씨도 빙그레 웃는다. 구두 찾으러 다시 가면 아저씨는 손가락으로 값을 말한다. 손가락 네 개 펼치면 사천 원이라는 말이다. 손가락 하나 입에 대면 단골이라 몰래 깎아 주니 알고나 신으라는 말이 된다. 우리는 끝까지 음소거 된 웃음으로 거래를 마무리한다. 구둣방 주인은 소리 없는 말로 수다스럽게 말할 줄 안다. 아저씨도 자꾸 웃는 꽃이다.

　한솥밥 먹는 식구는 서로 닮는다. 생김새도 붕어빵이지만 내면에서 흘러나오는 분위기도 식구끼리 닮아간다. 방문 수업 일할 때, 엄마 낯빛이 편안하면 뻔한 공식처럼 아이 얼굴도 편안하다. 아이가 집중 못 하고 어수선하면 열에 일곱은 엄마도 감정에 기복이 있어 보인다. 눈빛이 흔들리고 마음이 붕 떠 있는 아이와 수업한 뒤 학부모와 이야기 나누면 같은 눈빛에 대화가 두서없다. 집안 분위기에 아이는 스며든다. 스펀지처럼 빨아들여 복사하듯 그대로 따라 한다.

　사람은 마음이 편안할 때 웃음이 자연스럽게 나온다. 자꾸 피는 꽃이 물과 거름과 햇빛이 넉넉할 때 활짝 피어나는 것과 같은 이치다. 마음이 허하면 웃음은 꼬리를 감춘다. 마음에 무엇을 집어 넣어야 든든해져 꽃을 피울 텐데 결핍의 원인을 모르기도 한다. 고픈 줄 모르니 채울 의지가 없다. 자신에게 꽃을 피울 수 있는 기능이 탑재되어 있음을 잊었다.

 허기진 마음에 나타나는 주된 증세는 굳어진 얼굴이다. 입꼬리가 좀처럼 올라가지 않는다. 남들이 웃어도 왜 웃는지 몰라 멀뚱히 쳐다본다. 그게 뭐가 우스운지 반문하기도 한다. 웃는 까닭을 모르는 사람에게 답을 주기는 얼마나 어려운가. 이러이러해서 웃는다고 알려준들 그 맛을 공유할 수 없다. 먹어 본 적 없는 음식을 아무리 설명해도 맛을 느낄 수 없는 것과 뭐가 다를까.

 내 얼굴은 변화무쌍한 하늘처럼 금방 맑았다가 흐렸다 한다. 감정을 숨기는데 재주가 없다. 카멜레온처럼 얼굴색이 시시각각 변해 고스란히 표정으로 출력되어 나온다. 식구들이 조심시켜도 통제가 안 된다. 감정을 속옷 보여주듯 하라는 격언이 있다. 아무에게나 속옷을 보이지 않는다. 그동안 스치고 지나칠 사람들에게도 내 속옷을 보였다고 생각하면 부끄러움에 화다닥 얼굴이 붉어진다.

 주체하기 어려워 뾰족하게 날이 섰던 감정들이 세월에 깎여 둥글어지는 나이가 되었다. 한때, 속옷만 입고 돌아다니는 사람처럼 필터 거르지 않고 표출한 것에 비해 지금은 많이 달라졌다. 온전히 둥근 모양은 여전히 멀었다. 감정을 숨기는 게 아니라 감정을 다스리려 애쓴다. '숨기다'는 감춘다는 뜻이니 보이지 않을 뿐 형태가 여전히 살아있어 언젠가는 들추어지기 마련이다. '다스리다'는 가다듬어 노력을 들여 바로잡는다는 뜻이다. 모양이 달라진다. 나는 모양 자체가 달라지길 원하니 다스리는 쪽으로 힘써보려 한다. 수십 년 몸에 밴 습관을 바꾸는데 또 수십 년을 들여야 할지 모른다.

자꾸 웃는 꽃은 자꾸 보고 싶은 꽃이다. 꽃내음은 덤이다. 맘에 드는 꽃을 보면 절로 코를 가져가 향을 맡는다. 꽃이 이리 예쁜데 향은 어떠한지 궁금하다. 꽃 모양이 첫인상이면 향은 두 번째 인상이다. 사람도 첫인상이 좋으면 그 사람의 내면은 어떠한지 향을 맡으려 다가간다. 괜찮은 사람이구나, 싶으면 스르르 마음의 빗장을 연다.

나도 자꾸 웃는 꽃이면 좋겠다. 아뿔싸, 이미 입꼬리는 아래도 처졌다. 의식적으로 노력해서 처진 입꼬리를 올려야 할 판이다. 신기하게도 억지로 입꼬리를 올리는 것만으로 기분이 나아진다. 바보 같은 뇌는 깜박 속는다. 뇌를 속인 게 짜릿해서 나는 또 입꼬리를 바짝 올려본다. 아, 누가 누굴 속이는 건지 헛갈린다.

꽃무늬 팬티

　명절 때 친정을 들르면 어머니는 팬티를 선물로 준다. 넙죽넙죽 챙기면서 하고 많은 선물 중에 유독 팬티를 주는 까닭은 잘 모른다. 근사한 옷을 사 주고 싶은데 취향도 모르고 무엇보다 어머니의 형편이 넉넉지 않아 그랬겠거니 짐작할 뿐이다. 나 역시 세 아이 뒤치다꺼리하다 보면 내 팬티 한 장 사는 것에도 손이 오그라들던 때가 있다. 어머니도 오 남매 키울 때 겪어서 이것만이라도 감당해주고 싶었을까. 팔순 노모의 선물은 '언제나 너를 생각한다'라는 증표이기에 느껍다.
　지난해 추석에 팬티 다섯 장이 든 상자를, 올 초 설에도 똑같은 상자를 받았다. 상자 겉면에는 팬티를 입은 반라의 서양 모델이 자태를 뽐내고 있다. 꽃무늬 팬티와 모델의 미소는 물과 기름처럼 동떨어져 보였다. 일명 아줌마 팬티 열 장은 장롱 깊숙이 자리했다. 여태 한 상자도 풀지 못했다. 지금은 그 치수가 맞지 않는 몸피가 되어 버렸다. 대략 일 년 전부터 몸이 불기 시작하더니 그때와 견주면 6킬로가 더해졌다.

좋아하는 술을 끊은 지 사 년이 넘었고 야식은 입에 대지도 않는데 몸무게는 숫자를 착착 더한다. 전진만 할 뿐 뒷걸음질이 없다. 육칠 년 하던 일을 그만두고부터 생긴 몸의 변화다. 오른팔이 더는 견디지 못해 쉬게 되었다. 그 바람에 움직임이 줄어들어 고스란히 살로 이어졌다. 엎친 데 덮친 격으로 폐경기에 갱년기까지 살을 부추긴다.

어머니는 딸의 몸 변화가 그다지 눈에 들어오지 않는 모양이다. 친정 식구 중에는 살찐 사람이 없다. 사위들도 며느리도 하나같이 낭창낭창하다. 어머니 눈에 여전히 그 치수로 각인되어 있다는 게 한편 다행스럽다.

달라진 게 몸피뿐일까. 어머니와 딱 삼십 년 차인 나 역시 급속히 늙어가는 중이다. 예전 같지 않은 눈 상태는 노안이라고 불러야 할 만치 나빠졌다. 이렇게 문장을 시작하면 신체 기관 하나하나의 노후 상태를 열거법으로 뒷장까지 채워야 할 지경이다. 감히 어머니 앞에서 당신 정도는 아니나 오십 넘은 딸도 이곳저곳 낡았다고 말할 수는 없다. 셋째 딸로 그 치수에 나를 맞춰야 한다. 몸에 옷을 맞추는 게 순리라면 나는 옷에 몸을 맞추는 역행을 해볼까 한다. 새 팬티가 열 장이나 있는데 그것도 어머니가 나를 위해 준비한 선물인데 입는 게 도리다.

아는 선생님이 오래전에 스승의 날 선물로 팬티를 받은 적이 있다. 선물을 준 학생은 또래 아이들과 다른 학업지체아였다. 수줍게 내민 손을 거절할 수 없었단다. 안타깝게도 집에 와서 펼쳐보니 턱없이 작은 치수였다. 하지만 아이의 정성을 생각해서 억지로 팬티를 입고 다녔다. 엉덩이에 꽉 끼는 팬티로 신경이 쓰였을 테고 그럴 때마다 아이 얼굴이 떠올라 빙그레 웃었겠다.

　나는 작은 팬티의 탄력성을 시험하고 싶지 않다. 차라리 살을 빼서 편히 입고 싶을 따름이다. 괜찮은 동기부여다. 자신의 치수보다 작은 명품 원피스를 걸어두고 다이어트를 하는 사람도 있다고 들었다. 나는 팬티 상자 두 개를 눈에 잘 띄는 곳에 올려두고 낙낙하게 입기 위해 힘써보려고 한다. 건강 때문이라도 체중조절이 시급한데 이런 갸륵한 뜻을 첨가한다면 한층 박차를 가하지 않을까.

　언젠가는 나를 위해 팬티를 선물할 어머니가 안 계실 것이다. 별 귀한 줄 모르고 받아 챙기던 팬티가 공급이 중단되는 시점이 도래하겠다. 모쪼록 더도 말고 덜도 말고 십 년은 더 어머니가 내 팬티를 책임지길 바란다. 그 정도는 딸에게 돈 좀 쓰면 좋겠다. 딸이 오면 줄 팬티를 사러 시장에 가서 꽃무늬가 좋을까, 민무늬가 괜찮을까 잠시 고민도 했으면 한다. 나는 어머니 호주머니 야금야금 축낼 생각에 들떠 기분이 좋아진다.

편한 잠을 위하여

어젯밤 10시 넘어서 치킨을 먹으며 티브이를 다 같이 봤다. 의문사를 다루는 프로였는데 과거 부패한 정권을 비판하는 내용에 가까웠다. 주인공은 인권이 무시된 채 처참하게 죽었다. 분명 억울한 죽음이었다. 아들은 인권이 존중되어야 한다는 취지로 말했고 남편은 인권도 중요했지만, 그 시기는 저럴 수밖에 없었던 때라고 했던가.

나도 내 의견이라는 게 있지만, 이 시점에 끼어들면 장황하게 이어져 삼파전이 되고 말 것은 불 보듯 뻔했다. 그리하여 너덜너덜한 채로 잠을 잘 게 훤히 보여서 입을 닫아걸었다. 밤도 깊었으니 다 잘 밤에 그런 충돌은 피하고 싶었다.

남편과 이런 마찰에서 터득한 나름의 술책이다. 아들은 이걸 알 턱이 없다. 외려 인권 존중이 우선이라는 말을 다소 과격하게 주장하느라 목소리의 볼륨이 턱없이 올라가 버렸다. 소리 조절도 어설픈 고작, 아이일 뿐이다. 이에 가만히 지켜볼 남편이 아닌데 아들은 자기 말만 하고 어처구니없다는 듯 방으로 들어가 버렸다.

마지막 부분을 내가 직접 보지는 못했다. 아마 화장실에 문을 닫고 앉아있는 바람에 듣지 못했나 보다. 나와 보니 상황은 얼음장처럼 얼어있고 아직도 분을 삭이지 못하는 아들 낯빛은 일그러져 있었다. 남편 또한 넋이 나가서 어쩔 줄 몰라 했다. 나는 아무 말도 하지 않았다. 그저 표정으로 아들에게 그만하라고 쏘아붙였다. 애써 태연한 척 내 방에 들어와 낮부터 퇴고하던 글을 마저 손보려고 앉았다.

　남편이 뒤따라 들어왔다. 상심한 얼굴 자체가 모든 것을 말해주고 있었다. 너무나 우울하다며 꼭 자기 말이 옳은 것은 아닐 수 있지만 그래도 아버지가 말하는데 그리 맞서야 하냐는 푸념이었다. 의견이 다른 까닭을 자분자분 말할 수 있는데 막무가내로 화내버려 마음이 상했단다. 저런 아들을 앞으로 어찌 감당할지 막막하다며 착잡한 심경을 늘어놓았다. 나는 끝끝내, 말하고 싶지 않았지만 여기서까지 입을 다물 순 없었다. '아직 어려서 그렇지 뭐, 마음 쓰지 마' 판에 박힌 위로를 건넨다. 남편은 도저히 편히 잠잘 수 없을 것 같다며 쓸쓸히 문을 닫고 나갔다.

　사실, 남편과 대화하면서 노트북에 깔린 카톡 창으로 큰아들한테 재바르게 톡을 보냈다. 나는 다른 아무 말도 들리지 않았다. 단지 편히 잠잘 수 없겠다는 그 말에 꽂혔다. 아들이 인권 존중에 열을 내고 남편이 필요악을 변호할 때 나는 편한 잠에 발 벗고 나섰다. 잠자리에 들면서 내내 아들의 불효자식스러운 말을 곱씹을 것이 아닌가. 그건 생각만 해도 마음이 오그라들었다.

내 톡을 확인한 아들은 아버지가 있는 거실로 나와서 한풀 꺾인 음성으로 뭐라 뭐라 하는 말소리가 들렸다. 파열음으로 긴장했던 집안은 낮은 옥타브의 두 화음으로 잔잔히 채워졌다. 원만하게 화재진압이 되었는지 아들이 방문을 찬찬히 닫고 들어갔다. 나는 톡으로 아들과 대화를 마무리 지었다.

여느 날과 다름없는 아침이 되었다. 설거지하고 있는 내 옆으로 바짝 다가온 남편은

"어젯밤에 나와서 지가 잘못했다고 사과하더라."

"그래? 지도 생각해보니까 심했다 싶었겠지. 어디 감히 아버지한테 말이야!"

남편 낯빛은 한껏 환해졌다.

나 홀로 꽃놀이

나 홀로 꽃놀이를 갔다.

집에서 이십 분 거리, 거동이 불편한 어르신 대신 장을 봐서 문 앞에 두러 가는 길이었다. 도로에 차를 올리면 매번 가는 길인데 헷갈리는 지점이 있다. 긴가민가 어리바리하다가 진입을 잘못했다. 자동차전용도로에서 나가는 표지판은 한참을 가서야 나타났다. 처음 보는 시골길이 나왔다. 달리는 차라곤 오직 내 차뿐인 한적한 시골 도로. '속도를 줄이시오' 표지판을 본 것처럼 천천히 차를 몰았다. 산과 들은 지천으로 봄을 알리고 있었다. 눈에 들어오는 모든 게 봄 분위기로 새 단장을 한 백화점 같다. 삐죽빼죽 올라오는 연둣빛이 아기 혀처럼 연하다. 나무 한 그루에 핀 벚꽃은 수를 헤아릴 수 없이 풍성하다. 다 먹지도 못할 고봉밥이다. 해종일 나무 하나와 눈 맞춤해도 질리지 않겠다. 하루를 이 나무 아래서 보낸들 꽃송이 모두와 인사 나누긴 어려울 성싶다.

봄에 피는 게 벚꽃뿐이겠나. 더 달리니 벚꽃보다 화장이 짙은 복숭아꽃이 나왔다. 이리 분칠했는데 그냥 갈 것이냐 농염한 낯

짝을 내밀며 호객행위를 한다. 산수유는 이미 파장한 채 다음 스텝을 준비한다. 앵두나무는 가지 하나에도 촘촘히 들러붙은 꽃숭어리로 온통 꽃 범벅이다. 핫도그를 설탕통에 한 바퀴 도르르 굴려서 설탕 범벅을 만든 것 같달까. 자두나무 사과나무 모과나무 배나무도 꽃을 내놓았다. 저 꽃들이 진 자리에 열매가 앉아있을 거라곤 지금은 믿을 수 없다. 해마다 불신자를 감화시키는 열매를 몇 달 뒤 보여주는데도 일단은 의심이 앞선다. 꽃 피우는 재주 말고 또 다른 신묘막측(神妙莫測)한 재주를 부리다니 얼마나 놀라운지. 자연의 순환고리를 해마다 보지만 처음인 양 감동이다.

참 이상도 하다. 자두꽃 사과꽃 모과꽃 배꽃뿐 아니라 봄에 피는 꽃나무들은 생김새가 많이 닮았다. 미세하게 다른 모양새로 이름이 갈린다. 다 고만고만하게 생겼는데 몇 달 뒤 열매들을 보면 천양지차다. 작게는 새끼손톱 앵두부터 크게는 주먹보다 큰 배나 사과를 매단다. 하긴 생김새 닮은 우리, 네 자매도 너무나 결이 다르게 살아가긴 하구나.

봄꽃들은 오롯이 피는 일에만 정진한다. 지난해 피었던 그 자리 그 모양으로 핀다. 그러고 그때처럼 지겠지. 한번 뿌리내린 그곳에서 이사 한번 없이 일평생 제자리에서 피고 진다. 해마다 꼬박꼬박 같은 꽃이 피지만 또 이 꽃이냐, 누가 타박할까.

역병이 창궐해 그동안 봄에게 미안했다. 봄을 기다리던 예전과 같은 설레는 마음이 별로 들지 않았다. 우리는 봄꽃을 보고 봄밤을 즐기고 봄나들이 갈 행복을 저당 잡혔다. 빼앗긴 들에도 봄은 꽃을 데리고 왔으나 우리가 보아주지 않았다. 문을 두드려도 열어주지 않아 사시사철 겨울처럼 살았다. 흐드러지게 피어도 눈길을 줄 만한 마음 한 자락 여유가 없었다. 무뚝뚝한 어떤 남자의 말처럼 '폈으면 폈지, 졌으면 졌지' 그렇게 딱딱한 심장을 지니려 애썼다. 정성스레 차린 잔칫상을 하나도 안 먹고 고스란히 남기고 일어난 무례한 사람들이었다. 꽃을 외면해야 했던 이상한 봄을 두 번 길게는 세 번 겪어냈다.

벚꽃 보러 오지 말라는 벚꽃금지령이 내려진 '난리 벚꽃장' 경남 진해는 눈물을 삼키며 오는 사람을 막았다. 벚꽃 피우려 겨울을 견디고 돌아왔는데 뉴스를 보지 않는 꽃들은 그것도 모르고 철없이, 아니 철이라 피었다. 피는 꽃을 막을 수는 없고 대신 보러 오는 상춘객을 막았다.

날마다 재난 문자를 스팸 문자처럼 받았던 우리는 창밖으로 봄꽃이 소리소문없이 쳐들어왔음을 볼 뿐이었다. 집 앞까지 밀고 들어오는 봄에게 백기를 휘날리며 와락 안겨서 항복하고 싶었다. 한낱 꽃구경마저 통제당하는 시절이었다. 이제나저제나 기다리는 봄꽃들은 '이게 무슨 일이냐고, 내 평생 이렇게 불경기는 처음이라고' 수런수런 이야기했겠다. 나비보다 때 이른 파리만 날렸던 건 아니었을까.

봄은 봄의 일을 할 뿐이다. 역병이 무서워서 꽃이 안 필까, 열매가 달리지 않을까. 사람 보라고 예쁘게 피는 것도 더 많이 피는 것도 아니더라. 변한 건 그들이 아니라 우리였다. 달리는 차 안에서 꽃구경을 실컷 하니 눈에 드리운 장막이 걷어지는 기분이다. 그랬다. 나는 봄을 그리워하며 꽃이 고팠다.

  시골길에서 만난 꽃을 보며 눈으로 꽃들의 엉덩이를 톡톡 두드려줬다. '오구오구, 잘했어, 잘했어.'

얼굴이 긴 여자

모딜리아니는 얼굴이 긴 여자를 그린 화가로 유명하다. 그림 속 여자들은 암울하면서 정적인 분위기로 내게 다가왔다. 입꼬리가 따라 굳어졌다. 얼굴이 길어서 슬퍼 보이던 여자들이 한동안 뇌리에 박혀있었다.

아이들이 어렸을 때 경남 밀양 시골에서 살았다. 학교가 데리러 가야만 하는 외진 데였다. 그날도 아이들을 기다리는데 교무실 옆 오솔길로 돌아 나오는 얼굴이 긴 여자와 마주쳤다. 2학기가 시작되면서 새로운 선생님들이 왔다고 들었다. 혹시 그중 한 사람인가 눈여겨보는데 버스를 어디서 타는지 여자가 말을 걸어왔다. 차가 드물게 와서 시간 맞춰 타기 힘들다고 답했다. 그 말을 들은 여자 얼굴에 슬픔이 붐볐다. 모딜리아니의 그림 속 얼굴과 겹쳐졌다.

가슴에 끌어안은 파일에는 **카드사라고 적혀있는 게 설핏 보였다. 얼떨결에 버스 타는 데까지 태워다주겠노라 말해버렸다. 고맙다는 인사를 받은 뒤 두 사람의 설익은 대화는 끊어졌다. 여자는 어정쩡하게 그 자리에 동그마니 나무처럼 섰다. 잠시 뒤 선생님들과 아이들이 우르르 쏟아져 나왔다. 아는 분들과 안부를 주고받는 중에 선생님들의 눈길이 여자에게로 향했다. 눈치로 보아하니 카드 영업하려고 여기까지 왔는데 허탕을 친 상황 같았다. 아이들까지 태워 어색한 현장을 빠져나왔다.

차창 밖에서 불어오는 바람으로 거풍이 되었을까. 망설망설하던 여자가 말문을 열었다. 그녀는 밀양 시내에 사는 사람이 아니었다. 처음에는 마산에서 온 듯이 말하다가 몇 번을 갈아타서 진주로 가야 한단다. 어설프게 톺아 본 내 추리가 마침맞았다. 차도 없이 전교생 90명도 안 되는 작은 시골 학교로 돌진하는 무리수를 두었던 셈이다. 돈키호테 같은 무모한 패기는 있는데 이에 걸맞은 로시난테는 왜 없을까.

"아까는 딱 울고 싶었어요."

뜨문뜨문 시작한 실마리는 어느새 속내를 털어놓기에 이르렀다. 꼭 한 건 하리라, 새벽에 단단한 채비를 하고 나섰단다. 점찍어둔 신입 교사는 연수원을 찾아온 발 빠른 영업사원에게 발급을 마쳤는데, 뒷북만 친 꼴이었다. 차가 없어 불편하다거나, 도움을 줘서 고맙다는 말을 말끝마다 마침표처럼 붙였다. 밀양 영남루가 진주 촉석루와 닮아서 밀양에 정이 간다는 밀양 사람 듣기 좋은 말도 건넸다. 찬찬히 말을 뱉어놓는 동안 여자 얼굴은 그새 더 길어졌다.

세상에서 가장 어려운 일 중 하나가 남의 호주머니 돈을 내 호주머니에 옮겨오는 일이라고 한다. 신혼 때 남편은 과자를 슈퍼에 납품하는 일을 업으로 삼았다. 거래처는 무시로 생겼다 사라졌다 하는 편이라 틈틈이 새로운 가게를 뚫어야만 했다. 우리는 과자를 주유소에 비치하면 주전부리 삼아 하나씩 집어 가지 않을까, 궁리를 짜냈다. 무슨 용기가 났는지 내가 과자 한 봉지를 들고 주유소를 포섭하러 영업에 나섰다. 몇 마디 붙여보지 못하고 시르죽은 채 잰걸음으로 나왔다. 손발에 저릿저릿 힘이 빠져 뒤웅스레 나오던 내가 아직도 선명하다.

완전히 잊힌 장면이라 여겼다. 술을 한잔해서 불콰해진 그가 이십 년이 지나서 그때를 입에 올렸다. 아내가 차에서 내려 주유소로 가는 뒷모습을 보며 두 번은 시키지 않겠다, 결심했단다. 여자를 내세워 앵벌이를 시키는 못난 남편처럼 느껴졌을까. 오히려 나는 이런 것조차 도움이 못 되는 아내라 부끄럽고 미안했는데.

얼굴이 긴 여자는 눈어림으로 보아도 적당히 의뭉스러움이 필요한 영업에는 영 수완이 없어 보였다. 수십 번 되새김질하여 겨우 입 뗀 대사들은 주워 담지도 못하고 공중에 날려버렸겠다. 거절당해서 귀밑이 홧홧거리고 뒤통수가 찌릿했겠다. 곤죽이 된 속을 둘둘 말아, 왔던 먼 길을 가야 했으니 그 속이 오죽했을까.

두 손을 모은 채 무릎을 바짝 붙이고 앉은 여자가 시내버스 탈 수 있는 곳에만 내려달라고 했다. 넋두리를 듣다가 시외버스터미널로 경로를 다시 변경해 버렸다. 도착지가 가까워지자 아이들에게 과잣값이라도 줘야겠다며 가방을 되작거렸지만 사양했다.

"고맙습니다. 복 받으실 거예요."

모자람 없이 넉넉한 차비였다. 진심 어린 인사를 남기고 모딜리아니의 얼굴이 긴 여자는 떠났다.

십여 년이 훨씬 지난 지금, 밀양 영남루를 닮았다는 진주 촉석루 둘레로 이사를 왔다. 이곳 어디쯤 배추고갱이 같이 여린, 얼굴이 긴 여자가 살고 있을지 모른다. 다시 본들 알은체할 길 없으나 길쭉한 얼굴에 살이 올랐다면 더 짐작 못 하지 싶다. 우리의 업이 바뀌어 지며리 일해서 형편이 나아졌듯 여자도 구겨진 삶에 십 년 세월만큼 주름이 펴졌으면 좋겠다. 먼 거리를 마다치 않고 나섰던 전투력이면 지금쯤 회사에서 제법 자리매김하고 있을 터이다.

둥그스름하면서 편안한 낯빛으로 바뀐 여자를 중앙시장 어느 국밥집에서 만나면 어떨지 상상해 본다. 옆자리에서 후루룩 국물을 마시는 모습에 흔한 얼굴을 본 듯 지나치는 것이다. 내 작은 바람이 이루어졌는지 확인할 길 없는, 얼마나 막연하고 새뜻한 조우인가.

어미 제비

 배추가 거대한 무덤처럼 쌓여있다. 사람들이 점점 몰려든다. 김치 없이 못 사는 한국 사람들이라 배추는 언제나 사람들을 불러들인다. 돈이 변변찮은 사람까지 자석처럼 당긴다. 호주머니 깊숙이 오천 원짜리를 찔러둔 여자도 나선다. 배추 더미 둘레에는 여기저기 찢겨 너덜대는 잎들이 낙엽처럼 흩어져 있다. 오천 원을 품은 여자는 버려진 잎을 곡진하게 줍는다. 거둔 배춧잎으로 무엇을 할지 몇 가지 궁리도 채워간다. 이만하면 되었다, 원 없이 갈고리질하는 두 손이다.
 배춧잎 거두는 모습이 밀레의 이삭줍기와 엇비슷하다. 명화 속 세 사람은 허리를 구부리고 있다. 궁상스럽기 그지없는 아낙들이다. 빈농들은 추수하고 남은 들판의 밀 이삭을 거둘 수 있게 허락받았다. 한차례 추수로 쓸고 간 뒤라 해종일 이삭줍기해도 빵 한 덩이 만들 밀을 얻을까 말까다. 달리 수가 없으니 묵묵히 손을 놀린다. 함께한 이웃과 서로를 북돋우며 별 소득 없는 노동을 이겨냈으리라.

배춧잎 줍기는 달랐다. 배추 고르는 사람들로 분분한 틈에 오롯이 여자 혼자다. 누가 뭐라고 하면 '나도 배추 사러 왔다'라고 떳떳하게 주머니에서 지폐 한 장을 꺼내 보이려 준비했다. 아무도 묻지 않아서 예비한 말도 배춧잎 속에 쑤셔 박는다. 그러고 돌아선다. 등 뒤에 수런거림이 들려온다. '이제 되었어. 푸지게 담았고 쓰지 않으려던 돈도 고스란히 지킨 거야. 끝났어, 참 잘했어' 이런 속엣말로 자신을 달랜다.

집에 돌아와 오물이 묻은 눅눅한 옷을 갈아입으려 호주머니에 감춘 오천 원을 꺼낸다. 너무나 깊숙이 넣은 것일까. 손이 닿지 않을 정도는 아닌데, 어쩐 일인지 잡히지 않는다. 꼬깃꼬깃 접은 지폐가 쪼그라들었나. 없다. 손가락을 이리저리 휘저어본다. 없다. 처음부터 그 자리에 없었다며 시치미 뗀다.

배춧잎을 거둔다고 몸을 놀릴 때 빠졌을까. 정신없이 거둬들이는 틈에 튀쳐나갔을까. 호주머니 안에 얌전히 있으라고 넣었는데, 잠깐 한눈판 새 사라진 너덧 살 아이같이 없어졌다. 실종된 아이처럼 실종된 오천 원이다. 남들 발에 차인 배추 쓰레기를 오천 원에 사 온 꼴로 순식간에 바뀌었다.

어머니는 김장을 돕는 딸에게 옛날 이야기하듯 들려주었다. 눈물은 이지러진 지 오래되었다는 건조한 눈빛이다. 지금도 오천 원으로 꽤 살만한 게 많은데 몇십 년 전이면 훨씬 가치가 큰돈이었을 터, 처음 들어서인지 내 눈은 흐릿해졌다. 절인 배추 통에 담긴 축 늘어진 손은 양념을 바르는데 또 바르며 애꿎은 배추만 만지

작댔다.

　돈을 잃어버리고 어머니는 그날 밤으로 앓아눕지 않았을까. 오천 원이면 우리가 그리 먹고 싶다던 통닭을 사줘도 되었겠다며, 오 남매에게 천 원짜리 하나씩 쥐여줬다면 일주일은 아이들이 거뜬히 행복했겠다며, 통통한 닭 두어 마리 장만해서 백숙을 한솥 끓였겠다며. 다 집어치우고 그 돈이면 성성한 배추를 얼마나 많이 샀을까, 애면글면 간신히 붙들고 있던 속이 녹아내려 너울이 일었겠다.

　가난하던 그 시절 어머니만 혼자 오 남매를 입히고 먹이고 공부시키느라 노심초사 동동거렸다. 아버지는 집일 따위는 나 몰라라 따로 재미나게 사느라 호적에만 가부좌를 틀고 앉았다. 언니는 유행하는 메이커 운동화에 꽂혔고 나는 학교 갔다 돌아오면 허덕허덕 먹을 걸 찾았다. 아침마다 책가방을 둘러매고 준비물 산다며 손 내밀던 철부지들을 어찌 견디었을까. 우리는 어머니 지갑이 화수분이라도 되는 줄 날마다 동전 하나라도 손에 떨구어 주길 바랐다.

　이리저리 찢긴 배춧잎으로 만든 음식은 어머니 눈물로 간이 되었는지 모를 일이다. 가난한 집 아이가 배탈 난 거 못 봤다는 말 믿고 먹거리로 둔갑시켰겠지. 천지 분간 못 하고 입안으로 우적우적 씹어 넘기는 우리를 보며 어머니 젓가락은 어디를 집고 있었을까.

　이제 내 나이가 그 시절 어머니 나이를 넘겼다. 지금도 시장 가면, 배추 더미 둘레로 버려진 잎이 널브러진 건 여전한 풍경이다. 나는 어머니와 다르다. 땅에 떨어진 배춧잎은 본체만체한다. 둥치에서 떨어져 나간 잎은 가치를 잃은 것이라 거들떠보지도 않는다. 한 손으로 들기에 무거운 배추를 대수롭지 않게 몇 개나 산다. 호주머니에 지폐를 감추지 않는다. 지갑 속에는 사지를 펴고 누운 지폐가 켜켜이 들었다. 그중 하나를 가려내어 흥정도 없이 셈을 치른다.

한창 클 때 아이들은 닥치는 대로 먹어 치우는 펄쩍대는 메뚜기 같다. 돌아서면 허기가 진다. 밥때와 밥때 사이 또 뭐 먹을까, 주방 곁을 얼쩡거린다. 입이 궁금해 주전부리를 찾기도 하지만 실상, 늘 배가 꺼질 성장기이다. 이런 자연스러운 허덕임에 응해 주어야 할 사람이 부모이다. 모름지기 부모라면 허기를 면할 먹거리를 푼푼이 쟁여두어야 한다.

어머니도 그리했겠다. 제비 새끼가 다섯이니 꽁지에 불이 나게 물어다 날랐으리라. 오죽하면 배춧잎을 주우러 나섰을까. 자식들 입에서 냠냠거리는 소리 한 자락 들으려고 연신 바지런을 떨었을 어머니. 그러니 숱한 세월을 새벽 번개시장에 걸어서 장바구니 수레를 끌고 한 짐 담아 되돌아왔겠지. 나 역시 아이들이 게걸스레 먹는 소리가 어떤 노래보다 기껍게 들린다. 새벽시장은 언감생심 흉내도 못 내지만 날마다 온라인 시장을 돌아다닌다. 내가 즐겨 찾는 카테고리는 식품 코너다. 대용량 양파며 감자, 쌀, 만두, 시리얼……. 문 앞에는 무시로 삼층 석탑 택배 상자가 쌓였다.

　어머니 날개 아래서 느끼지 못했던 감정이 아이를 낳아 어미 제비가 되니 마침내 헤아려진다. 대형마트에서 물건을 사서 트렁크에 싣고 돌아오는 길이면 어머니가 자주 떠오른다. 우리를 위해 이랬겠구나, 그 많은 짐을 제대로 받아 들어준 적도 없었구나 하고. 그 시절 하나라도 더 먹으려 제대로 씹지도 않고 넘겼던 사십 년도 지난 배추 맛이 이제야 되새김질 되어 목구멍을 꺼이꺼이 넘어간다.

일인 연극

소설을 읽어줄 낭독자를 찾는 구인광고가 올라왔다. 무슨 소설인지도 모른 채 삽시간에 여러 사람이 지원자로 나섰다. 고만고만한 사람끼리 키재기해서는 승산이 없다. 일당백의 기세로 내가 쓴 수필 한 편을 낭독해서 채팅방에 올렸다. 예상은 적중했다. 낭독이 맘에 든다며 나를 고용했다.

낭독할 이청준의 '이어도'는 내 취향과 멀어도 너무 먼 남자 이야기에 섬이 배경인 소설이었다. 1974년 작품이라 현재의 문체와 적잖게 거리감이 있었다. 자연스레 가독성이 떨어져 독자로서도 스며드는데 무리가 있었다. 첫 단락을 읽었을 뿐인데 후회가 보지도 않은 이어도의 높은 파랑으로 밀려왔다. 중편소설이니 분량은 어찌나 긴지 괜한 설레발로 큰코다치는 건 아닌지 걱정이었다.

1일 차 낭독 파일을 카톡으로 보냈다. 분량도 길고 읽기가 만만한 문장들이 아니라며 솔직한 심정을 전했다. 다시 임금 협상하자고 운을 뗀 것이 아닌데 성큼 웃돈을 얹어준단다. 그 사람은 자신이 ADHD(주의력결핍과잉행동장애)같다고 했다. 혼자 책 읽기가 어려워 낭독을 들으면 집중이 잘 될까 시도해 본다면서 종이책도 샀단다. 나름의 연유를 들은 데다 금전적으로 파격적인 대접을 받는 이어도를 어찌 소홀히 할 수 있을까. 열과 성을 다해 낭독해 보리라 새로이 마음을 다잡았다.

  고용주의 e-book을 훑어보니 이청준의 다른 소설들이 꽤 있었다. 어릴 때부터 섬 이야기를 좋아해 무작정 이어도란 제목에 끌려 뽑은 터라 첫날 듣고 다른 소설로 갈아탈지 모른다고 기대했다. 이번엔 예상이 빗나갔다. 이제 막 재밌어지려는데 끝나더라며 도리어 아쉬워하는 게 아닌가. 편안히 읽어서 듣기 좋은데 틀리게 읽은 단어들이 좀 보인다고 그것만 지켜주면 좋겠다는 후기를 남겼다. 낭독을 들으며 한 글자 한 글자 종이책으로 따라 읽었던 거였다. 손가락으로 짚어가며 읽었으니 틀린 글자가 얼마나 도드라져 보였을까. 빨간 색연필로 좍좍 빗금 친 답안지를 받아든 아이처럼 얼굴이 화끈거렸다. 글자뿐이랴, 부자연스럽게 끊어 읽거나 잘못된 발음도 적지 않았을 것이다.

  나의 고용주는 허술하기 짝이 없는 낭독에 매번 인사치레를 잊지 않는 사람이었다. 카톡 프로필 사진으로 봐선 낭독자를 고용해도 별 지장 받지 않을 만큼 고소득 전문직 여성이다. 낭독하는 동안은 나도 이 일이 전문직이라 여기며 적어도 돈값은 하고자 나름 애썼다. 먼저 묵독하고 소리 내어 읽어서 연습한 뒤 녹음했다. 녹음이 완료되어야 숙제를 마친 학생처럼 통잠을 잤다. 혹시나

무슨 일이 생겨 낭독하지 못할까 봐 이틀 치 녹음을 쟁여두었다. 날마다 보내라는 언질은 없었지만 혼자 규칙을 정하고 그대로 따랐다. 아침 일찍 집 앞에 놓인 신문처럼 꼬박꼬박 배달했다.

며칠 새 이어도에 매료되어 그곳 바다 기슭을 어슬렁댔다. 읽을수록 주인공의 안녕이 궁금해졌다. 안면을 튼 등장인물들의 목소리를 제대로 전달하고 싶어 마음이 달아올랐다. 결국 그 많은 불신을 안고 시작한 낭독은 치졸한 편견에 기인했음이 판명 나버렸다. 낭독은 씹을수록 단맛이 나는 밥알 같다. 낭송가들은 시를 신앙처럼 떠받드는 사람이라더니 그래서 내가 이어도와 사랑에 빠진 걸까.

녹음할 때는 주위 환경이 중요하다. 방문을 닫는 것으로 불안해서 문을 잠그고 둘레를 정돈했다. 스마트폰 소리도 묵음으로 바꾸고 깨끗한 음질을 얻고자 앉는 자세도 곧추세우며 신경 썼다. 녹음이 시작되면 20분이 넘게 끊어지지 않고 계속되었다. 중간에 멈추고 쉬었다가 다시 이어가는 기능을 나흘째쯤 알아냈다. 뭘 모르면 손발이 고생이라더니 지독한 기계치라 손발을 대신해 입이 고생바가지였다. 유난히 꼬이는 단어는 여러 번 연습해도 연거푸 버벅댔다. 돌부리에 넘어졌는데 매번 그 자리에서 처음처럼 엎어지는 꼴이다. 혼자 홧홧 골내고 삭히고 아무 일 없듯이 넘어진 자리에서 털고 일어나 목소리를 가다듬었다. 시나브로, 물아래서 동동대며 발을 저어도 수면 위로는 우아한 자태를 뽐내야 하는 백조 신세였다.

대화체는 서로가 주고받듯 음성을 꾸며내야 할진대 낯간지러워 어설프게 낭독하는 바람에 맛을 제대로 살리지 못했다. 여러 사람이 등장하는데 혼자서 여러 사람인 체하기는 얼마나 휘달리는지 머릿속은 번번이 헝클어졌다. 갈무리하고 녹음을 들어 보면 한 사람이 독백하듯 읊조려서 사람들 간의 구분이 뭉개진 게 들린다. 진한 전라도 사투리를 쓰는 남자인데 지역이 아리송하거나 여리여리한 여자 입술에서 자갈치아지매의 목청이 튀어나왔다.

 이 '어'도로 눈은 읽지만 입은 이 '으'도로 달싹였다. 섬 이야기답게 섬이라는 글자는 왜 그리 많은지 '섬'으로 읽어도 '슴'에 가깝게 발음이 나왔다. '섬'과 맞닥뜨리면 찰나이긴 해도 멈칫했다. 소설 속의 무수한 '슴'들은 곳곳에 침투한 지뢰였다. 태어나기 전부터 들었던 게 경상도 말씨라 부드러운 서울 말씨에 견주면 백번 양보해도 괄괄한 억양이다. 태생이 이러하니 열과 성을 다하려는 갸륵한 내 뜻은 사뿐히, 아니 무참히 즈려 밟혔다. 눈이 표준어로 입력해도 입은 사투리 발음으로 출력하는 식이다. 눈이 입에게 '그것도 잘 못 하냐!' 섭섭하다고 나무랄 지경이었다. 끝끝내 둘의 훈훈한 조합은 보지 못했다.

 녹음은 목소리의 복사기다. 후다닥 끝내려 급히 읽어버리면 모양새가 흐트러져 조급함이 여실히 음성에 묻어났다. 더구나 쉼표나 마침표, 또는 단락이 끝나면 짧게 멈추거나 조금 길게 멈추는 방법으로 호흡을 조절해야 한다. 멈추지 않고 내달린다면 표현이 모호해지고 수다를 늘어놓는 말처럼 저급해져 격이 떨어진다. 문장부호에 밀접히 따라간다는 건 운전을 하다 마주치는 표지판에 순응하는 모범운전자를 닮았다. 품위 있는 낭독을 위해 그때그때 나오는 표지판 신호를 지키는 게 이득인 셈이다.

새는 발음은 또 다른 복병이었다. 이의 부교합으로 발음할 때 바람 빠지는 소리가 나기도 한다는데 치아 탓으로 몰아가면 나는 아예 낭독이 아니라 입을 열어 말도 말아야 한다. 유력한 용의자는 비단 이것뿐일까. 혀가 짧아서, 턱이 잘 안 맞아서, 발성을 이상하게 해서도 낭독에 어려움을 겪는다. 나는 조금씩 두루 갖춘 편이다. 이처럼 단점 보따리를 끌어안고 내가 하겠노라, 손을 번쩍 들었으니 터무니없는 자신감이었다. 벌써 눈이 침침해서 돋보기를 쓰지 않으면 또렷한 글자를 낚을 수 없다는 건 보따리 속에 싸지도 않았다.

전문 낭송가들의 유려한 음성을 참고삼아 들었다. 참기름을 한 사발씩 마시고 읽는지 미끄러지듯 흘러간다. 여태 예사로 듣던 낭독이 얼마나 위대하게 들리는지 감탄에 감탄을 거푸 하며 들었다. 목소리며 발음이며 대화체를 감당해 내는 솜씨도 더할 나위 없다. 이야기를 끌어가는 분위기 역시 직접 글을 쓴 작가가 아닌지 합리적 의심이 들었다. 나보다 무엇이든 월등히 나았다. 모름지기 프로란 이런 거라며 빼어난 낭독으로 나를 지그시 눌러버렸다. 나는 언감생심 프로로 문패를 내걸 것도 아닌 한낱 이미테이션이다. 되려 낭독의 즐거움을 알게 해준 값진 시간이었다. 지금은 읽고 싶은 글을 친근한 나의 표준말로 녹음해서 산책할 때 듣는다.

　낭독은 목소리로 전하는 일인 연극이다. 무대 위에서 홀로 스포트라이트를 받으며 북 치고 장구 치고 그러면서 가재도 잡고 도랑도 친다. 장장 7일간 열린 일인 연극에 나는 배우로 그는 관객으로 역할에 충실했다. 카톡으로만 접선해서 끝내 내 목소리만 퍼져나간 돌아오지 않은 메아리였던 게 다소 아쉽다. 나의 의뢰인이 다시 찾아주었으면 하는 바람이 있지만 어쩐지 두 번 속을 것 같지 않아 열없는 웃음으로 마음을 접는다.

재미를 좀 본 밤

저녁부터 비가 내린다는 예보가 있었다. 그깟 예보 따위는 가벼이 얕보고 늘 그랬듯 저녁 8시 반에 부부는 선학산 둘레로 운동을 나갔다. 집을 나서니 하늘은 날마다 보던 표정과 달랐다. 희끄무레해서 금방이라도 울음을 터뜨릴 기세였다.

선학산 쪽으로 걷는데 바람도 어제와 확연히 달랐다. 물기를 잔뜩 머금어 묵직하다. 사월의 저녁 바람은 더도 말고 덜도 말고 이 바람만 같아라, 할 정도로 상쾌하다. 20분 정도 걸어 산어귀 즐비한 운동기구에 다다랐다. 최종목적지다.

먼저 맨손 체조를 했다. 국민체조 음악을 틀어놓고 하려다가 너무 유난이다 싶어서 마음속으로 음악을 재생시키고 몸을 흐느적거렸다. 초등학교 때부터 대충하던 국민체조는 지금도 그 명맥을 유지한다. 열 가지도 넘던 동작 중에 기억나는 서너 가지로 계속 돌려막기다. 운동기구 중 어깨손목 돌리기가 기구 운동의 첫 시작이다. 테니스 엘보에다 오십견 증세도 있어서 의사가 권한 운동이다. 가마솥 둘레 크기 동그라미 손잡이를 오른쪽으로 열 번

왼쪽으로 열 번 돌리고 연거푸 한두 세트를 되풀이한다.

옆으로 대여섯 걸음 옮기면 마라톤 운동이라는 기구가 있다. 손잡이를 잡고 두 발을 좌우 발판에 올려놓은 뒤 손잡이를 천천히 앞뒤로 걷듯이 움직여 준다. 러닝머신과 비슷한 효과다. 손잡이가 있어서 안전하면서 팔운동이 덤으로 된다. 하고 나면 대단히 격한 운동을 한 기분이 들어 스스로 만족감에 뿌듯하다.

그 옆 허리 돌리기를 하고 또 옆으로 옮겨 파도타기 기구에 올라서는데, 빗방울이 이마에 떨어졌다. 옳다구나 싶어서 "여보, 비 온다. 얼굴에 맞았다" 남편은 훌라후프를 돌리고 있었다. 별일 아니라는 듯 모든 걸 간파하고 있다는 음성으로 "비 오려면 아직 멀었으니까 마저 해라" 남편은 다 계획이 있구나 싶었다. 퇴짜 맞은 나는 입을 삐쭉 내밀고 파도타기에 발을 올렸다. 다리 뻗치기 기구로 건너가 발을 올리는데 이번에는 몇 방울을 맞았다. "어이구! 여러 방울 맞았다, 곧 비 내리겠다" 남편은 열 번 할 동작을 다섯 번으로 횟수를 줄이잔다. 그렇게 조금씩 시간을 줄여 예상보다 일찍 마무리했다. 막 자리를 털고 나서자 후두둑, 빗방울이 떨어졌다.

"내가 뭐라 하더노, 비 온다고 했잖아. 처음 비 온다고 했을 때 철수했으면 비 안 맞았을 거 아니가" 제대로 건수 잡은 개구진 마누라는 박박 바가지를 긁어댔다. 이때 남편 입에서 터진 말이 "어쩌다 맞춘 걸 가지고!"였다. 놓칠 수 없는 기회를 잡은 양 한껏 으스대며 다그쳤다. "나 오늘 머리 감았는데 이게 뭐꼬, 미안한 마음이 드나 안 드나?" 요령 없는 그는 또 한마디만 한다. "하, 내가 계산을 잘못했다" 차마 실수했다, 미안하다, 이런 말은 못 하고 에둘러서 계산 타령을 하다니 기가 찼다.

나는 청 셔츠로 머리를 가리고 남편은 내리는 비를 고스란히 맞으며 반쯤 뛰다시피 잰걸음으로 비탈길을 내려왔다. 젊은이도 아닌 중늙은이 부부가 까뭇한 밤에 비를 맞았다. 내려가는 길 중간에 간이 노인당에 들러 우산을 하나 가져 나왔다. 혼자 쓰기 딱 알맞은 우산을 둘이 바투 썼다. 남자가 우산을 받쳤고 여자 쪽으로 우산을 기울였다. 우산 기울기를 보면 사랑이 보인다고 누가 말했던가. 그런데 이번 경우는 달리 해석해야 한다. 잘못한 걸 아는 남편이 사죄의 의미로 나에게 기울게 든 것이다. 나중에는 팔이 아프다고 자리를 바꾸자고 했다. 오른손으로 들었다가 왼손으로 들었다가 집에 가는 내내 그의 양손은 좀 많이, 바쁘고 아프기도 했으리라.

허술한 비닐우산은 어른 머리 두 개는 겨우 지켜주었지만 두 사람 어깨까지는 손을 쓸 수 없었다. 내 어깨와 견주어 남편 어깨는 비가 많이 들이쳤을 것인데 정도는 가늠이 안 됐다. 열 번에 예닐곱 번은 남편의 판단이 여무진 편이다. 나보다 아는 것도 많고 계산도 빠르고 멀리 내다볼 줄 아는 혜안도 깊다. 남편 말마따나 '어쩌다 맞춘 거 가지고'가 맞는 말이다. 소 뒷걸음치다가 얻어걸렸다. 얼결에 맞춘 정답에 나는 크게 동그라미 다섯 개를 치고 집에 오는 내내 큰소리를 쳤다. 남편은 발밤발밤 걸으며 내 말에 호응은 하지만 어쩐지 한풀 꺾인 유순한 목소리다.

 가뭄으로 버석거리던 산과 들에 단비 같은 비였을까. 올라갈 때 기척도 없던 산개구리가 떼를 지어 왁자하게 소리를 냈다. 비를 먹어 목에 기름칠했는지 소리가 들떴다. 괴괴하게만 보였던 산발치는 별안간 소란스럽다. 흙내가 훅 코에 끼친다. 자우룩하니 젖은 마늘밭도 키가 한 뼘은 더 자라 보인다. 꿀떡꿀떡 빗물을 받아먹는 한 줄로 늘어선 괴불주머니의 노랑이 어찌나 싱그러워 보이던지. 드문드문 핀 찔레꽃도 비 그치면 오달지게 피겠다. 꽃이 져버린 탱자나무 가시에는 빗방울이 알알이 박혀있음은 보나 안 보나 뻔하다.

 우산 속에서 입은 쉴 새 없이 말하고 눈은 비에 젖은 편안한 풍경을 담았다. 내가 우산을 받치는 것도 아니어선지 괜히 기분이 우쭐해져서 이 상황을 십분 즐겼다. 산 개구리 우는 소리가 멀어지고 집이 가까워지니 우산 위로 타다닥 떨어지는 빗소리가 또렷이 들렸다.

 "빗소리가 콩 볶는 소리 같재?"

 "그렇네, 콩 볶는 소리 같네."

 남편은 푹 삶긴 콩처럼 고분고분하다.

 모퉁이를 돌아 집에 들어설 무렵, 우산을 접을까 말까 할 정도로 비가 잦아들었다.

 "소나기였네."

 입 밖으로 뱉으면서도 소나기는 아닌데 싶었다. 뭐 아니면 말고 남편 앞에서 아무 말하는 게 뭐 대수라고.

"소나기는 무슨 소나기, 갑자기 후드득 쏟아지는 게 소나기지."

"그러면 마른하늘에서 쏟아지는 게 비지, 비가 갑자기 왔다가 뚝 그치면 소나기고. 아닐 게 뭐고?"

"그래도, 소나기는 이런 게 아니지."

이런 시답잖은 대화가 일상인 부부다.

날도 꿉꿉한데 운동도 했겠다, 비도 맞았겠다, 오는 내내 군소리를 아낌없이 쏟아부어서 누우면 잠이 군사처럼 몰려오겠다. 어쩌다 맞춘 걸 가지고 나는 재미를 좀 본 밤이었다.

헌책방 이야기

　신호등 앞이다. 맞은편, 고속버스 터미널 2층 간판이 눈에 들어온다. '소문난 서점'. 몇 달 전 서점주인 사연을 인터넷 기사로 읽은 게 번뜩 기억난다. 반가운 마음에 터미널로 들어가 계단을 올랐다.

　일반 서점이 아닌 헌책방이다. 오랜만에 헌책방 냄새를 맡는다. 책꽂이에 빼곡히 들어찬 책들, 겹겹이 쌓인 책탑들로 발걸음이 조심스럽다. 질서 없이 아무 때나 꽂혀있는 듯 보이지만 까닭 없이 널브러져 있는 책은 없다. 사람 중심이 아니라 책이 먼저인 가게다. 이게 헌책방 맛이지.

　선풍기는 책을 지키는 파수꾼이 되어 기둥 벽에 붙었다. 이리저리 느리게 돌아간다. 안온한 풍경이다. 선풍기도 헌책처럼 낡았다. 시원함이 덜하니 바람조차 오래되었을까. 광택이 사라진 무광택의 표지들이 정겹다. 삼십 년은 됨직한 세계문학전집이 모서리를 차지한다. 전집 단지에 입주민들은 안녕한지 궁금하다. 어린 왕자는 어른이 되었을까, 작은 아씨들은 작은할머니들이 되었겠다. 한때 베스트셀러였던 몇몇 스타들은 흠집에 얼룩에 책 모서리도 무질러진 채 안식에 들어갔다.

구석 쪽에서 걸어오는 사람이 보인다. 머리가 희끗희끗한 어르신이다. 투병 중이라는 기사를 입증하듯 걸음걸이도 무지근해 보여 부자연스럽다. 어르신 이야기를 읽은 적 있다 말을 건네니 반가워하신다. 오랜 시간 파킨슨으로 고생하신다는 것도 조심스레 알은척했다. 꼼꼼히 읽었다고 설핏 웃으신다.

허영만의 '식객'이 쌓여있는 게 눈에 들어온다. 딸이 무척 좋아하는 만화책이다. 정가에서 절반 값이라는 말에 구미가 당겨 책들을 살폈다. 이가 좀 빠져 있다. 없는 번호 책이 아쉽긴 하여도 이야기가 연결되지 않으면 상관없다고 했더니

"이어지지 않아요, 다 다른 이야기라서 괜찮아요, 수필은 원래 그래요."

수필? 아뿔싸! 식객을 수필로 어르신은 들었다. 수필이 아니고 식객을 여쭸다고 고쳐 말하기도 뭣했다. 더구나 수필이라 했다.

"수필이요? 제가 요즘 수필 쓰고 있어요."

"아! 그래요, 나도 수필 써요. 시로 등단이 되었지만 수필집이 먼저 나왔지요."

어느새 수필 이야기로 주파수가 맞추어졌다. 한 권 정도는 사야 모양새가 이상하지 않을 시간이 흘러버렸다. 진즉 다시 읽어보리라 마음먹었던 헨리 데이비드 소로의 '월든'을 집었다. 계산하러 갔더니 책방 주인은 A3 크기 종이 두 장을 건네준다. 서툰 솜씨로

신문을 복사해서 내용이 삐뚜름하게 나왔다. 활자는 그나마 잘 보이는 어르신 수필 두 편이다.

 내일모레 팔순이 되는 어르신은 불치병으로 고생하는 사람들을 위해 자신의 뇌를 활용하라는 사후 기증을 약속했다. 당신은 고통으로 쇠잔해져 가는데 그런 결심을 하였다니 거룩한 뜻에 숙연해졌다. 어르신처럼 책 속에 60년 정도 묻혀 지내면 지식을 넘어 사람이 지닐 인품도 갖추게 될까.

 담소를 나누면서 그분의 수필에 대한 열정을 느낄 수 있었다. 열정은 전염되어 나에게 따뜻한 온기로 전해진다. 좋은 수필 많이 읽고 많이 쓰라고 격려하신다. 써둔 수필을 가지고 오면 읽고 봐준다고도 하신다. 얼추 부모님 연세와 비슷하니 딸 같은 후배에게 하는 말씀이리라. 삼십 년을 더 사신 분이 수필을 귀히 여겨 권하니 절로 마음이 더 기운다. 뒷날, 딸은 한달음에 서점을 찾아가 어제 엄마가 식객을 보고 갔노라 이야기를 드렸단다. 이를 어쩌나, 어르신은 그새 어제가 가뭇해졌다. 나와의 만남이 뭉텅 지워진 듯하다. 그저 웃지요, 할 밖에.

 헌책방 가기를 얼마나 좋아했는지 그동안 가보았던 곳들이 차례차례 다가온다. 갓 구워낸 책들보다 손때 묻고 색 바래진 헌책들이 그저 좋았다. 집에서 걸어가도 가뿐한 거리에 헌책방이 있었으니 지금 생각해 보면 축복이었다. 한번 문을 열고 들어서면 몇 시간이 금세 가버렸다. 헌책방 안에서는 모든 게 과거처럼 보여도 시간만큼은 얄짤없이 현재로 흐르는 모순이 있다.

가지고 온 윌든 책에는 원래 주인 필체가 여기저기 손자국으로 남았다. 구입 날짜와 주인 이름도 적혀있다. 책 임자가 바뀌었는데 내 이름이 아니다. 그 밑으로 오늘 날짜와 내 이름을 기록하면 이 책의 등기부등본이 되겠다. 제법 곧은 선으로 문장에 줄을 그은 흔적도 있고 읽다가 생각을 적어둔 페이지도 보인다. 이름도 알고 필체도 알지만 이게 전부다. 영원히 맞출 수 없는 퍼즐 조각이다.

어쩌다 들어간 서점에서 우연은 연이어 엮였다. 인터넷 기사를 본 우연이 신호등에서 서점이 눈에 들어온 우연으로 연결되었다. 딸이 좋아하는 식객이 수필로 둔갑하는 웃지 못할 우연으로, 서점주인과 내가 수필이라는 공통 관심사로 대화가 이어지는 우연은 또 무엇이란 말인가.

무시로 갈만한 헌책방이 생긴 것만도 마음이 푸근해진다. 어르신의 건강만 평안하길 바랄 뿐이다. 가끔 들렀을 때 나를 알아보지 못해도 괜찮다. 복사된 똑같은 수필을 처음인 양 건네도 흔쾌히 받을 수 있다. 자리만 지켜주시면 좋겠다는 바람이 간절하다.

오래된 책방은 다닥다닥 붙어 졸고 있다가도 펼치면 후두둑 쏟아질 활자들이 가득하다. 책 속은 명징한 진리 그대로이다. 수금지화목토천해명에서 명을 떼어버리지 못한 채 꽂혀있어도 주눅들 까닭이 없다. 과거와 현재 언저리에 있는 헌책방은 '명'의 퇴출 소식은 통보받은 바 없다. 여전히 선풍기를 중심으로 아무 탈 없이 '명'까지 궤도를 돌고 있다. 식객을 수필로 다르게 들어도 찰떡

같이 알아듣고 이야기가 이어나가는, 헌책방은 오후 7시까지 어김없이 열린 문이다.

제4장

결혼기념일

된장찌개를 끓이려고 두부를 꺼내 유통기간을 확인하니 7월 4일까지다. 7월 4일? 올해도 어김없이 그날이 다가오고 있구나. 「7월 4일생」이라는 영화 때문인지 많은 사람은 미국독립기념일로 안다. 미국이 독립을 기념하건 말건 나와 무슨 상관인가. 남의 나라 기념일보다 7월 4일이 의미 있는 이유는 우리 부부의 결혼기념일이란 사실이다. 영화 덕분에 기억하기 쉬운 7월 4일이다.

두부 포장지에 찍힌 날짜를 보자 10주년 때 일이 떠오른다. 9주년도 아니고 11주년도 아닌 10주년이었다. 의미를 두기에 여러 가지로 조건이 되는 해였다. 동네 가게도 10주년이 되면 현수막을 내 걸고 이벤트를 다른 해에 비해 거하게 한다. 10년이란 세월에 무한한 의미를 부여한다. 적어도 우리 집 밖에서는 그렇더라. 결혼 10주년이니 조금은 달라질 거라 기대했다. 단 한 번도 선물을 받은 적 없고 꽃도 결혼하고 한두 번 받은 정도였다. 그리 볼품없이 열 번의 결혼기념일을 보냈다. 친구들끼리 수다 떨다 보면 어떤 집은 10주년이라 여행을 가니, 옷 한 벌 사 입으라고 돈을 받았다니, 저녁도 아니고 점심때부터 뭐 먹으러 갈까, 물어봤다느니 했다. 꾸역꾸역 십 주년 후기를 듣고만 있었다.

드디어 7월 4일! 온종일 기념일에 얽매여 일도 건성으로 하면서 퇴근해 돌아오는 공동기념일 주인공을 기다렸다. 그날따라 남편은 빠질 수 없는 회의가 있었다. 회의는 9시에 마친다. 10시가 넘어도 돌아오지 않았다. 시간이 늦어질수록 상상의 나래를 사정없이 펼쳤다.

'그래 9시에 회의가 끝났지만 바로 집에 돌아오긴 그랬겠지. 케이크랑 꽃을 사러 간 모양이군. 어휴! 난 괜찮은데. 배도 엄청 고플 텐데 괜히 미안하네. 그냥 집에 와서 치킨에 맥주 한잔해도 난 좋은데……. 늦은 시간에 꽃집 문이 열려 있을까. 이 남자 헤매고 있는 거 아니야?'

시계를 보니 10시 30분. 문 여는 소리가 들렸다. 설마가 사람 잡는다는 말에 내가 잡아먹히고 마는 순간이었다. 남편은 전혀 모르고 있었다. 배우 기질이 다분한 아내는 전혀 내색하지 않고 밥 차려주고 12시가 다 될 때까지 하던 대로 했다. 틈틈이 시계를 노려봤다. 11시, 11시 20분, 11시 35분, 11시 50분……. 기념일 유효기간이 겨우 24시간이란 게 짧게 느껴졌다.

일이 바쁜 남편이 모를 수 있다고 이해한다. 둘이 기념하는 일에 먼저 안 사람이 알려줄 수 있다고 머리는 남편을 편들었다. 아내가 저녁 만찬을 준비하고 작은 선물을 준비할 수 있다고 머리가 한소리 더 한다. 어쩌면 밴댕이 소갈딱지는 나인지도 모른다. 아아, 이건 머리에서 지껄이는 소리였다. 머리보다 사람을 뒤흔드는 것이 가슴 아니겠는가. 공상가 아내는 낙담해서 설움으로 치닫고 있었다. 얼굴에는 전혀 드러나지 않을 뿐이었다.

12시경에 불을 껐다. 7월 4일은 지나갔으니 기념일의 유효기간이 넘어갔다. 끝이다. 두부의 유통기간이 7월 4일'까지'라고 되어있었다. 캄캄한 어둠이 우리를 덮치고 체념하기엔 너무 허전한 속을 삭이고 있었다.

"여보! 아! 잠깐!"

어둠 속에서 무언가를 알아냈다는 목소리로 소리치는 남편.

"왜?"

퉁명스레 대꾸했지만, 직감적으로 그 목소리의 색을 알아챘다.

"오늘 우리 결혼기념일 아닌가?"

오늘이 아니고 어제라고, 12시 넘었으니까 지금은 7월 5일이라고 정확히 짚어주었다. 그는 정말 까맣게 몰랐는데 24시간이 지난 순간에 기억이 났다. 기억도 참으로 얄궂게 유효기간이 막 지나서 터질 게 뭐지. 삐졌냐고 물었다. 그게 뭐 대단한 거냐며 당신이 모르면 그냥 지나가는 거지, 했다. 태연한 척 자라고 한 뒤 혼자 오랫동안 잠을 설쳤다.

결혼기념일 10주년은 지났다. 뒷날, 남편도 알았는데 아무리 기념일을 넘겼다 해도 명색이 10주년 아닌가. 두부의 유통기간이 지나도 나는 곧잘 먹곤 한다. 전혀 탈이 나지 않았다. 오늘 저녁은 뭐가 다르지 않을까, 어제보다 한풀 꺾인 소박한 기대가 그새 돋아났다. 아무것도 기대하지 말자는 결심은 시시때때로 무너졌다. 아니나 다를까 퇴근하는 남편 손에 큰 상자가 들려진 게 어렴풋이 보였다. '그래, 당신도 미안한가 보네. 하루 정도 늦게 기념한다고 뭐 어찌 되겠나. 우리끼린데 뭐, 늦게라도 기념하면 되지' 근데 다가가서 보니 누런 삼양라면 상자였다. 안에는 오이와 호박과 비틀어진 가지 두 개. 일하는 곳 텃밭에서 너무 자랐다고 따서 가져왔다. 여보! 당신도 참 어지간하십니다.

유치찬란했던 십 주년도 가고 이십 주년도 지났다. 여태 결혼을 기념할 게 아직 남았나, 거추장스럽다. 스무 번 넘게 해 보니 그날이 다가오면 모르고 지나갔으면 싶다. 마음이 이다지도 달라지다니. 십 주년 때 오매불망 기다린 마음이 우스울 따름이다. 어느덧 작년에 왔던 각설이 죽지도 않고 또 오듯 결혼기념일이 다가온다. 그때는 먼저 말하기 자존심 상하고 그저 알아만 주길 바랐다. 한없이 저자세였던 내가 바보스러울 지경이다.

저녁 운동하며 자연스레 말했다. 다음 주 결혼기념일이니 회나 먹자고. 두 달 정도 술을 끊고 밥을 줄이며 운동에 매진했다. 원하는 만큼 감량을 하니까 술도 고프고 회 한 접시도 간절하다. 결혼기념일이라는 노림수를 쓴다. 챙겨 먹을 일이 있는데 그가 잊었다고 기회를 날려버릴 정도로 노글노글했던 나는 이제 없다. 정지용의 시처럼 아무렇지도 않고 예쁠 것도 없는 사철 발 벗은 아내만 남았다.

세월이 가져다주는 변화는 아무도 짐작하지 못한다. 나이 들수록 여성은 남성호르몬이 남성은 여성호르몬이 많아진단다. 이런 과학적 근거를 복선으로 두면 한층 앞날이 궁금해진다. 20주년 때 나 몰래 아이들을 시켜 케이크를 준비한 것만 봐도 우리 부부는 바뀌고 있다. 마음이 어찌 흘러갈지 나조차 기대가 된다. 알 수 없는 내일은 언제나 못 가본 길이다.

장다리꽃이 피었습니다

가게 뒤에 두어 평 텃밭을 일궜다. 씨 뿌리고 물만 주면 수확할 줄 알았다. 농사 경험도 없으면서 턱없이 마음을 부풀렸다. 씨앗은 고개를 내밀 듯 말 듯 조갈이 들게 애를 태웠다. 날마다 들여다보는 재미가 쏠쏠했다.

텃밭은 시간이 흘러 훈풍을 실은 실바람에 연둣빛 얼굴을 내민다. 밋밋하게 길쭉한 잎도 있고 제법 가위질해서 올라오는 싹도 있다. 타원형 모양새는 자라서 뭐가 될까. 어떤 것은 먹거리가 될테고 어떤 것은 잡초가 될 텐데 도통 감이 안 왔다.

보름이 지났으려나, 냉이가 꽃대를 올려 예쁜 척해도 못 본 척 뽑아냈다. 쉽게 뽑히는 게 콘센트에서 플러그를 뽑는 손맛이었다. 팽팽 돌아가다 스르르 멈춰 서는 선풍기처럼 흙에서 뽑히자 이내 풀이 죽었다. 뽑아도 뽑아도 돌아서면 풀. 미안한 마음을 가졌던 처음과 달리 무시로 뽑아냈다. 비라도 내리면 그 뒷날 숫제 가관이었다.

방울토마토에 방울이 두어 개 맺히고 단호박 줄기에 노란 꽃봉

오리가 나올 무렵이었다. 무 줄기에 봉긋한 게 솟았다. 무를 심은 적 있었나, 톺아본다. 부엌에서 무를 쓰고 밑동을 텃밭에 버렸다. 흙 속으로 다리를 뻗어 시린 발을 덮었나 보다. 무심히 내치고 돌아선 자리에서 새로운 인생 2막을 준비했겠다. 봄바람 난 무 줄기는 사방으로 더듬이를 세워 올라온다. 꼴이 시장에서 파는 상품과 다르지 않게 줄기가 실하다. 신나서 키를 높이는 줄기인데 무참히 툭 뽑을 수 없다. 잠자코 지켜보기로 했다.

　이틀 뒤 가봤더니 무 줄기에 꽃이 피었다. 이름도 예쁜 장다리꽃! 밥 알만한 꽃잎이 네 장인 하얀 꽃이다. 여덟 송이를 피운 장다리꽃은 그 자체가 꽃다발이다. 텃밭에서 가장 키가 크고 어여쁘다. 자연히 이울기도 맨 먼저였다. 널브러진 장다리꽃에 뿌리가 어이없이 짧다. 그런 녀석이 꽃은 많이도 달았다. 뿌리 깊은 나무는 바람에 흔들리지 않지만, 무 뿌리는 구불텅하게 생겨 픽 쓰러졌다.

　유리병에 장다리꽃을 꽂아 가게 안 선반 위에 올렸다. 흰 벽돌벽이 배경이 되어 정물화를 걸어둔 듯 멋스럽다. 상견례라 여겼는지 수줍은 듯 고개를 살짝 숙이고 있더니 고새 적응해서 다음 날 고개를 곧추세웠다. 밑줄기 봉오리에도 예닐곱 송이가 폈다. 무에 이리 예쁜 꽃이 피는 줄 몰랐다고 남편은 감탄했다. 세상에 나와 원 없이 꽃 피우고 숨이 다하는 끄트머리에 한동안 눈을 맞춰주는 구경꾼이 둘이다. 장다리꽃의 말로가 그저 쓸쓸하지는 않았겠다.

어릴 때부터 동물보다 식물 키우는 데 관심이 있었다. 콩 몇 알 마당에 심어서 올라오는 줄기에 즐거워했다. 학교 갔다 오면 얼마나 컸는지 눈여겨보는 게 재미났다. 대문을 열고 책가방을 부러 놓지도 않고 문안 인사를 하러 갔다. 나의 관심이 거름이 되는지 쑥쑥 키가 자라서 지켜보는 맛이 그만이었다.

콩 줄기는 그 속도대로라면 다음 해 하늘에 닿을 것만 같았다. 비록 실처럼 가늘었지만 뱀처럼 뭐든 감고 올라가는 모습이 내가 생명을 창조한 게 아닌지 우월감이 들게 했다. 콩 안에 이만큼 기다란 초록뱀이 똬리를 틀고 있을 줄이야. 하지만 나를 우월감에 젖게 했던 뱀은 겨울잠을 자기 전에 숨이 끊어졌다. 쑥쑥 잘 자라 보였던 줄기는 쓸데없이 웃자라서 그 바람에 일찍 시든 것이었다.

나를 닮은 아이가 우리 집 막둥이다. 학교에서 강낭콩 키우기를 배우고 난 뒤 직접 키우고 싶어 했다. 흙이 든 화분과 강낭콩 몇 알을 준비해 줬다. 육아일기 닮은 관찰일기를 써나갔다. '오늘 심었다, 싹이 텄다, 하나 더 나왔다, 잭과 콩나무 수준이다, 28센티나 된다, 강낭콩 꽃봉오리가 폈다' 기록은 단 문장으로 간결했다. 그림이 훨씬 구체적이고 세밀했다. 그림만으로 발육 상태가 짐작됐다.

'프레니'라는 이름도 붙여줬다. 밤에 성장이 더 빠르다는 정보를 알아 와서는 프레니 자야 한다고 우리를 조용히 시켰다. 막둥이는 프레니 육아에 바짝 공을 들였다. 꼬투리에서 네 알의 콩을 수확한 날, 학교에 가져가 자랑하고 밥에 넣어 먹었다. 엄마의 내조가 인정되어 한 알을 하사받았다. 오! 놀라울 만큼 강낭콩 맛이었다.

중학교 3학년이 되어서 또 한 번 식물을 키우고 싶다는 막둥이. 여느 집처럼 고양이나 강아지가 아니라 식물을 키우고 싶단다. 그것도 그때처럼 콩을 심어 처음부터 시작하고 싶다고. 아들이 어른이 되어 '어머니, 농부가 되고 싶습니다' 선언할지 자못 기대된다. 아이는 수확한 콩 맛을 잊을만하면 이야기한다.

잊지 못할 그 맛에는 콩을 키울 때 느꼈던 맛도 들었을 테지. 콩을 흙에 넣었을 뿐인데 어느 날부터 애벌레처럼 꿈틀대고 일어난다. 꽃이 피고 진자리에 꼬투리가 달리고 꼬투리가 빵빵해져서 열어보니 흙에 넣었던 그 콩이 오롯이 들어앉았다. 마술사가 눈속임으로 장미 다발을 만드는 것에 비하면 아이는 마술사보다 더한 재주를 부렸다. 그 경험이 얼마나 강렬했으면 사춘기로 분주한 아들이 콩을 다시 떠올렸을까.

콩을 구해야겠다. 데면데면한 모자 사이에 공통분모가 생기면 다정했던 예전으로 돌아갈지 모른다. 이름도 짓자고 부추겨야지. 재방송 같은 드라마라 새삼스러울 게 없어도 처음인 듯 설레는 오묘한 일임엔 틀림없다. 자연이 하는 일은 되풀이되어도 새롭다.

가게 뒤 텃밭에는 햇빛이 별로 들지 않아 수확에 'ㅅ'만치도 거두지 못했다. 방울토마토는 아슬아슬하게 붙어있다가 눈물 같은 몇 알을 땅에 떨구었다. 단호박 모종은 수꽃만 득실대더니 홀연히 말라버렸다. 영양은 공급할 수 있어도 햇빛은 종묘상에 팔지 않는다. 먹을 것은 흉년이고 못 먹을 것은 풍년이던 나의 텃밭, 잡초의 역습으로 갈무리되었다.

　장다리꽃을 활짝 만개시킨 게 가장 큰 결실이려나. 사람 먹을 것을 위해 못 먹을 잡초라고 뽑아대며 헤살을 부렸던 내 손이 남세스러울 따름이다. 작물을 가꾸기엔 부적합한 한낱 묵정밭으로 판명이 났다. 마음을 비우고 텃밭이 들꽃밭으로 어찌 바뀌는지 잠잠히 눈여겨봐야겠다.

찍찍이 운동화

낡은 옷은 초라하다. 낡은 신발은 더 초라하다. 옷은 낡아도 걸어 다닐 수 있다. 신발은 너무 낡으면 걸음을 묶는다.

찍찍이 운동화를 신은 아이가 있었다. 어릴 때는 끈 매는 게 어려워 찍찍이 운동화를 많이 신는다. 찍 붙이고 찍 떼는 찍찍이는 잘 지은 별명이다. 아이가 신은 찍찍이 운동화는 다른 친구들 운동화와 달리 찍찍이가 잘 떨어졌다. 지나치게 잘 떨어져서 탈이었다.

두 걸음 걸으면 떨어지고 세 걸음 걸었을 뿐인데 떨어졌다. 그때마다 두 걸음 걷고 앉아서 찍찍이를 제자리에 붙였다. 그래봤자 이내 찍찍이는 또 달아났다. 반복되는 실랑이는 집을 나서서 학교까지 이어진다. 학교가 저기, 보이는 데 아이는 쉽사리 들어가지 못했다. 찍찍이가 걸음을 묶어버렸다.

아이는 옆에서 쳐다보기 아까울 만큼 눈부신 청년으로 자랐다. 그런데 운동화에 대한 칙칙한 기억은 잊히지 않는다. 모처럼 찾은 학교 운동장에서 지나가는 얘기 하듯 내 아이한테 들려주었다. 이야기를 전해 들은 나 역시 상황이 그려져 마음이 가라앉았다.

두세 걸음마다 앉아서 운동화 찍찍이를 붙이는 발걸음이 얼마나 무거웠을까. '또 떨어지면 어떡하지' 하는 걱정보다 더 빨리 떨어지는 찍찍이. '에잇, 짜증 나! 더는 못 참아!' 훌러덩 벗어던지고 싶은 마음이 들지만 이도 저도 못 했을 어린 마음이 가엽다. 한참 뒤에 오던 아이가 앞서가고 말동무하던 아이도 지각할까 봐 가버리지 않았을까. 운동화에 묶여 뛰지도 못하는 걸음을 억지로 조심조심 걸었겠지. 무정한 찍찍이는 시계 초침처럼 정확히 떨어졌을 테고.

천국의 아이들이란 이란 영화가 있다. 낡은 운동화 한 켤레를 오전반 오빠와 오후반 여동생이 번갈아 신다가 벌어지는 이야기다. 부모에게도 들키지 말아야 하고 지각해서도 안 되기에 오누이의 숨 막히는 아슬아슬한 달리기가 이어진다. 그러던 차에 달리기 대회가 열린다는 반가운 소식을 듣는다. 3등을 하면 새 운동화를 받을 수 있다. 오빠는 의욕이 넘쳐흘러 그만, 3등보다 못한 1등을 하고 만다. 아, 아이들에게 운동화로 장난치는 이런 세상이 야속하다.

어릴 때 양말에 대한 구차한 기억이 있다. 양말 꿰맨 자국도 싫지만 미세하게 배기는 느낌은 오롯이 나만 느끼는 불편이었다. 남의 집에 가게 되면 다다르기 전부터 불안했다. 딴 천으로 덧대거나 꿰맨 자국이 보일까, 구멍 나서 발가락이 보일까 조마조마

했다. 머리에서 가장 멀리 떨어진 발 때문에 머릿속이 온통 찌릿찌릿하던 시절이었다.

아이가 겪는 가난은 어른이 감내하는 가난보다 때로는 혹독하다. 아이로서 이해하기도 어렵거니와 인내나 절제 같은 고차원적인 소양이 부족한 시기여서다. 내가 겪은 가난이라는 끄나풀은 가난 축에도 못 낄지 모른다. 밥상에 오른 반찬이라곤 마른 멸치에 고추장이 전부였던 기억, 수학 여행비가 없어 학교로 등교했던 기억, 빨간딱지가 온 집안 물건에 덕지덕지 붙었던 기억이 어렴풋할 정도다. 뒤집어 생각하면 반찬으로 먹을 멸치가 있었고 학교도 다녔고 딱지가 붙은 소파에 앉을 수 있었다. 부재가 아니라 부족이었다.

부족함 없이 키우는 게 부모의 본능적 소망이다. 머리부터 발끝까지 더 좋고 더 새것으로 입히고 먹이고 싶어서, 집은 텅텅 비워둔 채 부모 둘 다 산업전선에 뛰어든다. '이거 사 줘요, 저거 필요해요' 자판기에 동전만 넣으면 뚝 떨어지는 줄 알고 부모 귀에 동전을 넣는다. 자식이 원한다면 앞뒤 분간 없이 무장 해제되는 부모가 되지 않으려 애썼더니 애들 눈에는 돈 없어 능력 없는 부모로 보일 뿐이더라. '엄마, 우리 집 아직도 가난해요?' 어느 날 아이가 물었다.

양말에 구멍 난 걸 휴지통에 버리는 아들 녀석에게 바느질 몇 번으로 더 신을 수 있는데 왜 버리냐고 했더니 양말 꿰매 신는 사람이 어디 있어요, 하고 볼멘소리를 한다. 그 얘기를 들은 친구는 오히려 내가 유난스럽다고 지청구를 준다. 자기 선에서 구멍 난 양말은 창틀 닦기로 빼놓는다나. 구멍 난 양말을 따로 모아놓고 딴 천으로 덧대어 달라고 청한 남편 얘기는 내가 듣기에도 남세스러워서 입을 오므렸다. 너무나 몸에 밴 습관이 급기야 보편성을 상실한 시대에 이른 것인가 씁쓸하다. 아니면 우리가 정말 궁상맞나.

찍찍이 운동화를 그 청년은 추억으로 떠올릴까, 아픔으로 기억할까. 물음 자체가 우문이다. 당연히 아픈 추억이겠지. 나도 삼십 년이 넘었는데 마른 멸치나 수학여행이나 빨간딱지가 줄줄 꼬리를 물고 저벅저벅 걸어 나오지 않는가.

가난했던 과거는 그저 과거일 뿐이라고 추억이라는 카테고리에 담지 않았다. 그래봤자, 칸을 달리해서 쑤셔 박았던 잊고 싶은 과거는 좀 구겨졌을 뿐 실상 그대로다. 어릴 때 붙여 놓은 씹다 만 껌처럼 마음속 한 귀퉁이에 내내 들러붙어 있다. 감춘 껌을 떼서 입에 넣으면 딱딱하기도 하지만 단물도 거의 빠졌다. 그걸 참고 씹으면 무르고 보드라워져 딱딱 소리가 경쾌하게 들릴 정도로 회복이 된다. 잘하면 풍선도 불 수 있다. 미세하게 단물도 느껴지고 껌 냄새도 난다.

불우한 유년 시절이라는 관형 표현도 그렇지 않을까. 순도 백 프로 불우하기만 했던 것 같지만 찬찬히 들여다보면 재미와 웃음과 감동의 순간도 여러 장 끼워졌다. 다만 단물이 적고 딱딱해서 오래 곱씹어야 그걸 떠올릴 수 있다는 단점이 있다. 좋은 기억은 쉬이 잊힌다. 나쁜 기억보다 휘발성이 강하다.

찍찍이 운동화를 신던 아이는 옴짝달싹 못 하던 나약한 아이로 머물지 않았다. 그때 일을 담담히 들려줄 정도로 옹골찬 어른이 되어 지금은 멋진 구두를 신고 다닌다. 소파에 붙었던 빨간 딱지에 대한 내 기억은 어떤가. 강산이 네 번 넘게 바뀌니 빨간빛은 다 바래져 이름만 빨간딱지로 남았다. 우중충하던 잿빛 하늘이 그치고 내 머리 위 하늘은 이제 쾌청하다.

숫자는 어렵다

아침에 출근해서 가게 도어록 비밀번호를 누르자 에러 신호가 울린다. 다시 해도 울린다. 숫자 네 개를 신중히 꼭꼭 다시 누른다. 열리지 않는다. 오래된 도어록이라 그런가 하여 조금 있다가 해봤으나 여전히 엥엥 운다. 도로는 빗소리로 차가 지날 때마다 시끄럽다. 신경이 날카로워진다.

남편에게 전화를 건다. 도어록이 고장인지 아무리 해도 열리지 않는다고 했다. 비밀번호를 바꿨단다. 나중에 바뀐 비밀번호의 출처를 물었다. 군번이다. 아침부터 도어록과 씨름한다고 힘을 뺐는데 숯불에 남은 불씨가 시뻘겋게 새로 끓어오른다. 군번이라니! 군번은 군인 각자에게 부여되는 고유번호이지 않은가. 주민등록번호와 같아서 꿈에서도 잊지 못한다더라. 그렇더라도 제대한 지가 삼십 년이 넘었는데 아직도 쓰임새가 있을까. 더구나 군번을 내가 외워서 남편 면회 갈 일도 없는데 나는 어떡하라고.

혼자서 가게 문 여닫을 거면 이해되지만 나도 그 못지않게 비밀번호를 누른다. 문 열 때마다 생판 낯선 숫자를 네 개씩이나 기억해 내야 한다. 생각할수록 이건 아니다 싶다. 이따위에 약이 오르냐며 웃겠지만 나는 숫자에 민감하다. 더 솔직히 실토하자면 둔감하다. 숫자 때문에 일어난 참사를 일렬종대로 줄 세우면 꽤 길어진다.

 남편이 오래전 맹장 수술을 받았다. 며칠 입원하면서 심심풀이로 읽으라고 도서관 만화책을 빌려줬다. 아직도 잊히지 않는 만화책 제목 '오백 년'. 퇴원 준비로 짐을 꾸리며 주섬주섬 오백 년들을 챙겼다. 아무리 뒤져도 네 권밖에 보이지 않는다. '여보, 한 권은 어디 갔어?' 그 말에 남편은 옆 침대 환자가 같이 봤는데 안 돌려줬나, 한다. 옆 침대도 뒤졌으나 책은 보이지 않았다. 눈앞이 어두워졌다. 급기야 도서관 책을 돌려주지 않으면 보상은 어찌해야 하는지 둘은 심각하게 이야기를 나눴다.

 갑자기 기분이 이상해서 4권의 마지막을 펼쳐보았다. -끝- '오백 년' 만화책 시리즈는 4권이 전부였다. 오백 년이면 백년에 한 권씩 해서 다섯 권이 되어야 한다고 무의식에 생각했을까. 터무니없는 논리라 말한다면 그 말이 맞는다. 내가 생각해도 터무니없다.

 올해 또 아라비아 숫자 5에 걸려 넘어졌다. 남편 말처럼 5에 약하다. 지역 카페에서 딸기를 판다는 게시글이 올라왔는데 제목이 '딸기 2킬로 5백'이다. 싼 맛에 10킬로 주문했다. 뒷날 남편까지 대동하고 딸기를 사러 나섰다. 3천 원을 내민다.

 "이게 뭐예요?"

판매자가 떨떠름한 표정이다.

"딸기 값이요."

나는 당연한 걸 왜 묻느냐는 투로 답했다.

"근데 3천 원은 뭐예요?"

딱 봐도 판매자가 마뜩잖은 눈치다.

"2킬로에 500원이잖아요."

"네? 2킬로 500그램에 만 원이에요."

"뭐라고요! 제가 다시 확인했었잖아요. 2킬로 5백 맞냐고."

대화를 듣고 있던 남편이 중재에 나선다. 일찍이 5에 약한 아내를 겪어본 탓에 대번 사건이 어찌 돌아가는지 간파한다. 10킬로의 반만 사게 해달라고 정중히 부탁한다. 3천 원을 예상하고 와서 무려 2만 원이 털렸다. '2킬로 5백'을 정확히 쓰면 '2킬로 5백 그램에 만 원'이다. 게시글 제목을 나처럼 이해한 사람은 처음 봤단다. 어쩜 그리도 딸기 시세를 모르냐고 따지지 않아 고마울 지경이었다. 나는 평범함을 뛰어넘는 사람일까, 아니면 그 이하일까. 진실 따위는 필요 없으니 제발 정답을 알려주지 마시라.

남편에게 군번은 아니라고 내 의사를 밝혔다. 차라리 집 현관 비밀번호와 같은 숫자로 하자고 했다. 가타부타 말은 없지만 수긍하는 눈치다. 순간의 이기심으로 아내와 겪을 숱한 마찰이 예상 되겠지. 그리 당하고도 숫자 가지고 나를 시험하다니 간 큰 남편일세.

오프라인에서 좌충우돌이면 온라인에선 온전할까. 인터넷을 마음대로 돌아다니려면 아이디와 비밀번호라는 2종 세트가 있어야 문턱이 낮아진다. 내가 만들었을 텐데 봄눈 슬듯 기억에 없다. 일이 더디어진다. 내가 나를 골탕 먹인다. 열쇠를 찾으러 온 집안을 홀라당 뒤져도 안 나오는 촌극이 벌어진다. 수십 개 달린 열쇠 꾸러미를 들고 대문 앞에서 죄다 맞춰보는 한심한 꼴이라니. 어렵사리 빗장이 열리면 언 발에 오줌 누기처럼 잠깐 반성하고 빛의 속도로 잊어버린다.

예나 지금이나 '열려라, 참깨'로 입력하면 다음에도 '열려라, 참깨'여야 문이 열린다. '열려라, 들깨', '참깨, 열려라' 같이 어중간히 알아선 소용없다. 별짓 다 해서 되찾은 번호를 보면 숫자 하나만 다른 경우가 허다하다. 얼추 맞는 거나 진배없다 여기지만 고하나를 안 봐주는 몰인정한 온라인 세상이다. '가시에도 장미 피어나는데 컴퓨터엔 왜 미소가 없을까'라고 피천득 시인이 읊은 이유가 이 때문 아닐까.

어릴 때 다람쥐가 쳇바퀴를 돌다 제 꼬리를 물어버린 것을 눈앞에서 봐버렸다. 내가 나를 공격하는 그런 날이 도래한다면 제 꼬리 문 다람쥐와 다를 바 없다. 이러다 큰 사고 치겠다 싶어서 최소한의 노력으로 메모를 해 둔다. 요리 봐도 조리 봐도 중요하다 싶은 숫자를 기록해 두는 게 내 기억의 바로미터다.

숫자에 둔감하니 나이를 헤아리는 데도 눈총기가 없다. 지난해는 반년을 거의 보낸 뒤 나이를 한 살 올려서 말하고 다녔다는 걸 알았다. 딱히 달라질 게 없어서 문제가 생기지도 않았다. 젊은 애들처럼 빠른 88이라 학교 일찍 들어갔으니 내가 한 살 위라고 으스댈 깜찍한 시기도 지났다. 빨라봤자 그 나이가 그 나이고 느려봤자 또한 그렇다. 그래도 가게 비밀번호는 다르다. 아내의 등쌀에 마음을 정리하고 있겠지만 확실히 남편과 담판 지어야겠다.

그들의 셈법

우리 집으로 과일이 줄줄이 들어온 첫 주자가 포도였다. 4개월마다 가는 고객 집에서 받은 머루 포도 두 송이. 단 한 번 빠지지 않고 과일을 챙겨주는 고객이다. 이번에는 포도다. 포도를 일 년에 한 송이도 채 먹지 않지만, 마음을 써 주니 흔쾌히 받았다. 돈 받고 일하는데도 고객은 늘 고맙다고 밖에 나와서까지 인사를 건넨다.

며칠 뒤 복숭아 한 상자가 들어왔다. 남편이 동네에 혼자 사는 할머니 댁 일을 도와주었는데 다음날, 할머니가 큰 신세를 졌다며 복숭아 한 상자를 친히 들고 왔다. 알이 굵고 실해 보이는 게 값이 제법 나갈듯한 특상품이었다. 국가보조금으로 생활하는 할머니다. 마음이 너무나 불편했으나 그분 마음을 헤아리는 게 더 나을 성싶어 받았다. 먹어보니 내 돈으로 절대 살 수 없는 과즙이 흐르는 명품 복숭아였다.

한 이틀 지났을까. 단감나무 농사를 짓는 이웃에게 감 한 상자를 받았다. 농번기에는 매어놓은 개도 데리고 가서 일을 시키고 싶을 만큼 일손이 모자란다. 몇 해 전에는 나도 손을 보태주었는데 이제는 손목이 좋지 않아 그럴 수가 없다. 나대로 뭐라도 보탬이 되고 싶었다.

끼니를 제대로 챙기기도 버거운 걸 알고 있어서 감자탕을 끓여 솥째로 현관문 앞에 두고 왔다. 뒷날 온 식구가 잘 먹었다고 인사를 전해왔다. 뼈에 살점이 많이 붙어서 좋았다며 고구마 줄기와 김치가 알맞게 물렁거려 먹기 그만이었다며 소란스러운 말들이 쏟아진다. 내가 그랬다. "이맘때 감 딴다고 바쁘잖아요. 내가 뭐 감 얻어먹으려고 해 준 줄 아세요? 사실, 맞아요!" 우리는 동시에 박장대소했다.

내가 받은 감은 태추라는 품종이다. 한우로 따지만 A++ 정도의 식감과 당도다. 설탕에 푹 절여놓은 듯 달고 어찌나 식감이 연한지 먹으면서 감탄사를 연발했다. 금액으로 따진다면 내가 보낸 감자탕보다 더 값이 나간다. 감자탕을 더 많이 해서 보낼 걸 후회했다. 태추 좋아하는 딸 입이 호강했다.

같은 날 퇴근해서 가보니 사과 한 상자가 택배로 왔다. 남동생이 보냈다. 동생 부부가 먹어보고 맛있으면 가끔 보내준다. 여름에는 참외를 보내줬다. 햇빛에 적당히 그을린 게 눈으로 봐도 무르녹아 보이는 사과였다. 아들은 하루에 하나씩 우적우적 먹는다. 나는 맛이 좋다는 문자만 날렸다.

남편이랑 우리가 받은 것들을 하나하나 떠올려보았다. 포도, 복숭아, 감, 사과 평소에 과일이 비싸서 잘 안 사는 우리를 어찌 알고 이리들 챙겨주는지, 참 고마운 사람들이라고 이야기했다. 그러면서 뭐 빠진 과일 없나, 장난말을 했는데 그게 배였다.

 실없는 농담을 한 그날 밤, 잠자리 들기 전 지인에게 문자가 왔다. 배즙 좋아하면 보내겠다고. 당연히 먹는다고 했다. 안 만난 지 몇 년이 지났는데도 해마다 뭐든 챙겨서 보내주는 고마운 지인이다. 드디어 남은 배까지 받게 생겼다.

 손부끄러이 가을에 나오는 과일 5종을 받았다. 저울에 달았을 때 기울기가 어찌 될지 헤아려 보면 우리 쪽이 올라간다. 그들은 우리 값어치를 높게 측정했다. 아마도 우리가 베푼 것을 흐르고 넘치도록 이자를 보태 되돌려주는 모양이다.

 그들의 셈법은 관대하다. 계산기를 두드려 얼마를 주어야 할지 낱낱이 따지지 않는다. 눈대중으로 푹푹 퍼다 건넨다. 오 일 장날 소쿠리에 담긴 푸성귀보다 덤으로 올려주는 게 더 많은 넉넉하고 푸진, 그 손을 닮았다.

 나는 다시 그들과 거래할 것이다. 이번에는 내가 더 많이 보낼 계산을 하여본다. 한낱 물건으로든 음식으로든 아니면 그들을 위한 시간이라도 고리대금 이자처럼 휘달리게 붙여 돌려줄 참이다.

나는 카레 도둑이었다

 내 발등 내가 찍은 거지. 내가 한 도둑질을 밝히지 말아야 했다. 아이들한테 카레를 떠주며 별생각 없이, 어렸을 때 카레를 몰래 훔쳐 먹었다고 고백했다. 그 뒤로 카레 먹을 때마다 놀린다. 엄마는 카레 도둑이잖아요! 얼마 전 집에 놀러 와서 밥을 먹는 우간다 친구에게 영어로 엄마는 카레 도둑이라고 아들은 발설했다. 그 친구는 건수 잡은 낯빛으로 나를 보며 익살스레 웃었다.
 처음 카레를 만난 건 눈도 아니고 입도 아니고 코다. 초등학교 1, 2학년 무렵이었겠지. 학교 다녀 와 보니 집에 아무도 없었다. 한 지붕 아래 두 가구가 살았는데 오른쪽 뒤로 돌아가면 세 들어 사는 가족이 있었다. 두 집 합치면 열 명이 넘었다. 그 많은 식구가 아무도 없는 날이었다.
 심심하기 짝이 없던 아이가 마당에서 흙장난이나 하고 있을 때였다. 냄새가 바람을 솔솔 타고 코에 앉았다. 난생처음 맡아보는 향이었다. 냄새의 정체가 궁금해 킁킁댔지만 소용없었다. 코에 앉은 냄새는 아예 콧구멍으로 들어가 머릿속에 물음표 백 개를 만들었다.

 알아내려 할수록 물음표만 더해지는 향이었다. 머리가 터지도록 애써봤자 정답이 없는 물음이었다. 냄새의 꼬리를 잡고 따라갔다. 꼬리는 오른쪽 세 든 집 뒤로 돌아간다. 발이 멈칫, 했지만 이미 손은 꼬리를 잡고 나아가고 있다. 부엌문이 열렸다. 점점 향이 진해진다. 열린 문으로 빼꼼 얼굴을 들이민다. 커다란 스테인리스 그릇에 노란 국이 그득 보인다. 노랗기는 왜 그리 노란지. 보름달이 어쩌자고 부엌에 내려앉았을까.

 노란 국은 물음표 백 개의 정체였다. 아니 노란 죽이라 생각했나. 국이건 죽이건 향도 묘하지만, 눈앞에 보이는 노란 빛은 상상 이상으로 강렬했다. 코로 냄새도 맡았고 눈으로 빛깔도 확인했다. 남은 건 맛이다. 이제 내 차례지, 싶었던 입이 달싹댄다. 손가락으로 콕 찍어 맛을 본다. 입안에 맛이 퍼지면서 아까와는 다른 물음표가 생긴다. 이게 도대체 무슨 맛이지? 맛을 봤는데도 감이 잡히지 않는다. 손가락으로 맛본 뒤 화들짝 정신이 들어서 돌아나왔다.

 콕 찍은 것만큼 도둑질한 셈이다. 죄의식을 느끼기엔 절대적으로 양이 부족하다고 우겨본다. 몇 년이 지난 뒤 '카레'라는 요상한 이름표가 붙은 것을 알았다. 평범한 게 하나도 없는 먹거리다. 향도 색도 맛도 하물며 이름마저 온통 물음표 그 자체였다.

 언젠가부터 우리 집에도 카레를 비롯한 햄 마요네즈 케첩 따위의 신문물 음식 재료가 들어왔다. 한창 도시락을 챙겨가야 할 때 어머니가 카레를 보온밥통에 담아준 게 기억난다. 점심때 밥통 뚜껑을 열면 카레 향이 교실에 퍼졌다. 지금 떠올려도 점심으로 어찌 카레를 챙겨줬는지 의아스럽다.

고등학교 때 삼박 사일로 야영을 갔다. 삼시 세끼를 모두 해 먹어야 했다. 가장 만만한 게 참치 통조림으로 끓인 김치찌개나 여러 채소로 끓여 낸 카레다. 그런데 우리 조는 카레를 포기했다. 시골에서 올라온 친구 하나가 카레를 못 먹어서다. 우리 조뿐 아니라 카레가 첫 대면인 아이들이 더러 있었다. 나는 일찍이 도둑질하면서까지 카레에 대한 학습이 끝난 상태여서 개구리 올챙이 적 생각 못 한다고 친구에게 물었다. 어떻게 카레를 못 먹어?

요즘은 카레를 아주 가끔 끓인다. 못 먹는 식구는 없는데 안 먹는 아들 때문이다. 치아교정 중이라 카레를 먹으면 교정기 사이에 끼운 고무줄이 노란 고무줄로 물든다고 미관상 보기 싫단다. 치아교정 때문에 지출도 만만찮은데 이런 것도 신경 써야 한다.

카레는 대충 끓여내도 알아서 맛을 내주는 고마운 음식이다. 누구 말마따나 카레를 넣으면 카레가 된다는 말처럼 쉽다. 더욱이 넉넉히 끓이면 한두 끼 더 비축할 수 있어 유용하다. 큰 냄비 가득 끓여서 나눠주기도 좋다. 혼자 사는 지인들한테 나눠주면 고마워한다. 별거 아니긴 해도 혼자 끓여 홀로 다 먹어내기는 벅찰 수 있는 음식이다. 나를 닮은 딸은 혼자 지내면서 넉넉히 카레를 만들어 주인집 할머니랑 다른 방 언니와 나눠 먹는단다. 양파를 듬뿍 넣고 오래 조려 만들면 풍미가 더해져 깊은 맛이 난다며 나한테 비법을 전수해 준다. 나는 버터에 우유를 넣는 편이다.

  기억력이 신통치 않은 나를 두고 과거가 없는 여자와 산다고 남편은 말한다. 전혀 반박할 여지가 없어 토를 안 단다. 이런 내가 카레를 처음 맛보았던 기억은 잊히지 않는다. 그때 살았던 집 구조, 마당 가장자리에 두 계단을 올라야 했던 파란색 화장실 문, 옆집에 키 큰 아저씨 그리고 보름달이 내려앉았던 그 집 부엌, 손가락 끝에 묻은 카레 빛깔.

  죄의식을 못 느낀다면서 훔쳐 맛본 카레를 둘레 사람들한테 나눠주면서 갚고 있는 건지도 모르겠다. 여전히 카레만 끓이면 누구랑 나눠 먹을까 궁리한다. 사십 년이 넘었는데 아직도 손끝에 노란 물이 안 빠진 것일까.

콩밭에서

 콩잎을 처음 따봤다. 콩 말고 잎을 먹는 게 새롭진 않다. 빨간 양념을 한 콩잎김치나 된장 콩잎장아찌도 먹어봤으니까. 지난해 삭힌 콩잎을 재래시장에서 사 왔는데 손이 가지 않았다. 버리긴 아까워서 급히 어디서 들은 가락으로 물김치를 담아봤다. 신통방통하게 맛이 좋았다. 세상에나! 이런 맛이 있구나, 새로운 맛에 빠져서 감탄하며 먹었다. 아쉽게도 몇 번 안 먹고 동이 났다. 그러고 일 년을 기다렸다.

 칠월 초, 재래시장으로 콩잎을 사러 돌아다녔다. 몇 바퀴를 쏘다녔는데 눈을 씻고 찾아봐도 콩잎은 보이지 않아 허탕만 쳤다. 그러다가 우연히 밭에 가서 콩잎을 딸 기회가 생겼다. 간절하면 하늘도 돕는 게 맞았다. 비가 온다는 예보가 있어서 마음을 졸였다. 소풍 전날 설레던 마음 같달까. 새벽에 기어이 비가 내렸다. 그 비는 이른 아침까지 이어지다가 그쳤다. 비를 맞으면서 콩잎 딸 일은 없게 됐다. 역시 하늘은 내 편이었다.

 시내 외곽지로 차를 몰며 초록으로 뒤덮인 산과 들을 구경했다.

잠시 뒤면 콩밭 한 귀퉁이 꼼지락대는 내 모습도 풍경에 더해지겠지. 그 모습을 그려보니 뿌듯했다. 도착한 콩밭은 내 눈에는 드넓은 평야였다. 하얀 수염이 멋진 밭 주인 어르신은 부댓자루를 꼬나들고 콩잎을 따면서 이런저런 이야기를 했다. 이 밭은 서리태밭이고 아래 밭은 메주콩밭이라고. 아주 연한 잎보다 조금 초록이 도는 잎이 더 맛이 좋다고도 귀띔해 줬다.

어르신은 한참 따다가 부댓자루를 내게 건넸다. 자루에 콩잎을 따 넣으니 한결 편했다. 콩잎은 한 줄기에 세 가닥으로 갈라져서 톡 따면 세 잎이 딸려 나온다. 한번 힘을 줘서 세 잎을 얻는 괜찮은 수확이었다. 마음은 콩밭에 둔다지만, 온전히 몸도 콩밭에 매어두고 줄기차게 잎을 땄다.

새벽에 내린 비 탓으로 땅은 질퍽거렸다. 내가 신은 샌들은 진흙으로 엉망이 되었다. 진흙은 갈수록 몸집이 불어났다. 무게가 느껴져 발이 무거웠다. 어르신은 진작 장화를 신었으면 됐을 텐데 하며 당장 내어줄 기세였다. 이왕 엉망이 된 샌들이어서 나중에 씻으면 된다고 사양했다. 발걸음을 옮길 때마다 신경이 쓰였다. 밭일을 해 본 적이 없어서 신발이며 옷이며 허술하기 짝이 없었다. 옷은 긴소매를 입어야 했고 장화 정도는 신는 게 맞았다.

콩밭에 모기들은 오랜만에 포식했겠다. 온몸을 모기가 훑고 갔음을 저녁때부터 불긋불긋 올라오는 흔적으로 알아차렸다. 지금은 볼똑볼똑 팔이며 다리가 골고루 붉게 튀어나왔다. 콩잎 따는 데만 정신이 팔려 모기의 습격도 별로 개의치 않았다.

수돗가에서 샌들을 씻는데 흙탕물이 한참 나왔다. 어르신은 큰 솔을 가져다주었다. 샌들 바닥 틈새로 들어간 진흙을 빼는데 솔이 없었으면 퍽 아쉬웠겠다. 발까지 씻었더니 수건을 주었다. 어르신은 계속 베풀기만 하고 나는 받기만 했다. 콩잎에서 수건까지 생면부지 어르신에게 너무 많은 신세를 졌다.

집에 와서 콩잎을 꺼내 보니 밭떼기를 옮긴 것처럼 끝도 없이 나왔다. 콩잎에 치여 내가 콩알만큼 작아질 즈음, 콩잎물김치가 완성되었다. 어제 담아서 베란다에 하루 재웠다. 아침에 열었는데 밤새 익어서 살짝 부풀어 올랐다. 하얗게 덮고 있던 밀가루풀은 콩잎이 다 빨아먹었는지 뻑뻑하던 풀은 사라졌다. 하도 더운 날씨라 금세 익었다. 특유의 콩잎 냄새에 적당히 새콤한 맛이 아주 좋다. 연한 콩잎의 야들야들한 식감이 그냥 먹어도 자꾸 손이 간다.

여름이 아니면 먹을 수 없는 먹거리에는 콩잎물김치처럼 고구마순나물이 있다. 여름 한철 든든히 우리 밥상을 지켰다. 손톱 밑에 까만 물이 들어도 연일 고구마순을 다듬었다. 우리 부부는 고기반찬보다 이 나물을 더 귀히 여겼다. 날마다 다듬어 나물을 만들고 데쳐서 얼렸다. 아니면 김치를 담았다. 고구마순김치는 오도독 씹히는 식감이 나물과 다른 색다른 맛이 난다. 탕 요리를 할 때 시래기와 곁들여 넣기 좋다.

오늘 밥상에는 고구마순나물과 콩잎물김치가 같이 올라왔다. 밥 한 공기가 아쉬울 만치 꿀맛이다. 내가 하나하나 껍질을 벗긴 고구마순과 일일이 잎을 딴 콩잎이기에 그 정성이 MSG다. 입맛 잃기 쉬운 무더운 여름날, 이런 반찬으로 입맛이 떨어질 새가 없어서 오히려 걱정일 정도다. 괜히 한두 숟가락 더 먹게 만든다. 젓가락은 연신 고구마순나물을 집고 콩잎물김치 국물을 떠 마신다. 건강에 안 좋다고 싱겁게 먹는 바람에 안 짜서 반찬을 겁 없이 푹푹 먹는 것도 새로 생겨난 버릇이다.

고구마순도 콩잎도 몸에 이로운 성분이 많다고 검색해서 알아냈다. 몸 어디에 어떻게 좋은지 조목조목 외우지는 않는다. 한 귀로 듣고 한 귀로 흘리면서 안심하고 여름 동안 열심히 먹어둬야겠구나, 한다. 누군가 심고 돌보았기에 우리가 먹는다. 푸성귀를 다듬다 보면 정성으로 가꾼 농부의 손길에 감사한 마음이 절로 든다. 내가 할 도리는 한 점도 아낌없이 맛있게 먹기다. 내가 최고로 잘하는 일이다.

나도 부서질 수 있어

결혼한 지 이십 년이 훌쩍 지났다. 집안 여기저기서 앓는 소리가 들리기 시작했다. 화장대 서랍 손잡이가 서랍 문을 닫으니 툭 떨어졌다. 손잡아 준다고 설렐 나이는 아니긴 하다. 세숫대야 끝부분에 금이 갔다. 그 자존심에 물이 새는 것은 막았지만 겉치레까지 신경 쓰기는 부대꼈나 보다. 결혼하며 돈을 꽤 주고 장만한 이불은 옷감이 헤져 바늘을 찌르기에 안쓰럽다. 색 바랜 김치 통 뚜껑은 반듯하게 닫히는데 예전만큼 열심을 내지 않는다. 더 열거해 무엇 하겠나. 구차한 살림살이만 드러날 뿐인 것을.

지금도 이것들을 이고지고 함께 하는 게 알뜰한 절약 정신이라 우긴다. 진공청소기에 줄이 없어진 지 꽤 되었는데 우리 집 청소기 배 안에는 똬리 튼 뱀이 여태 산다. 광고에는 낡으면 버리고 신상품으로 교체하라며 연일 부추긴다. 익숙한 물건을 내치는 게 쉽지 않다. 사람 관계가 아닌 무생물과도 이별은 어렵다.

다시 돌아보니 무병장수를 꿈꾸며 여전히 현역으로 뛰는 짱짱한 것들이 몇 있다. 아이들보다 나이가 많은 다리미는 코드만 꽂아주면 열정적으로 주름을 펴준다. 다리미와 동창생 쌀통은 처음 마음처럼 쌀을 품었다. 친정어머니가 사 준 스테인리스 바가지는 앞으로 반백 년은 더 쓰지 싶다. 남편은 예복 같지 않은 걸 고른 덕에 얼마 전까지 양복으로 입었다.

그것들과 한날한시 들어온 두 사람 형편은 어떤가. 치아의 교체 시기를 통증으로 알리는 레이더망에 걸릴까 봐 딱딱한 음식은 자제한다. 감춘다고 될 일이 아니라며 삐져나오는 흰머리는 야금야금 세력을 확장한다. 탄력이란 무엇인가 묻는 거울 속의 얼굴은 나조차 낯설다, 실로 윤번제로 신체 각 부분에 부지런히 탈이 난다. 흙으로 돌아갈 때까지 돌고 돌며 괴롭히겠지.

아이들은 과거는 없고 미래만 있는 존재라 했다. 내 아이들을 보면 이 말이 실감 난다. 그저 자라기만 한다. 물만 줘도 자라는 콩나물이 따로 없다. 게임을 하면서, 급식을 먹으면서, 사춘기를 겪으면서 그러고도 자라기까지 하니 얼마나 좋을까. 둥글게 둥글게 나이테를 그려나가는 어린 사람들이 부럽다. 티 하나 없는 말간 얼굴도 짧아진 바짓단을 원망하는 눈초리도 샘난다.

흰 머리카락을 걱정하는 어미를 보며 '어머니, 백발은 아름다운 면류관이라 하잖아요' 곰살궂게 아이가 놀린다. 이제는 작아진 신발을 엄마한테 물려준다. 겨우 한 철 지났는데 몸에 끼여 못 입는 옷이 나온다. 새 옷이나 진배없어서 아깝다 못해 속이 쓰리다. 찬밥 된 아이 옷에 내 몸을 대본다. 헤져서 떨어지지 않으면 일단은 내 몸에 걸쳐본다.

아버지가 살아 계실 때 친정 부모님이 치아에 큰돈을 들여야 했다. 한 사람도 만만찮은데 두 사람이 치과에서 받은 견적은 입을 다물지 못할 금액이었다. 진심인지 도통 알 수 없지만, 아버지가 집을 팔자고 선언했다. 이것도 유전인지 그 집 셋째 딸도 치과에 갖다 바치는 돈이 많다. 다달이 내는 자동이체 공과금처럼 카드 내역에 치과 상호가 노상 끼였다.

나보다 여덟 살 많은 지인이 마흔이 되던 날, 이제 불혹이니 나머지 생은 부록이라 여기며 살아가라 농을 쳤다. 강 건너 불구경하듯 마흔을 먼 미래로 여겨 멀찍이 두어서였다. 마흔이 될지라도, 불혹의 뜻이 그러하듯 미혹되지 않는 심장을 가지겠지 싶었다. 어영부영 마흔을 지나 오십도 넘어버렸다. 미혹 거리는 도처에 있고 나는 시시때때로 마음이 간지럽다.

떨어진 손잡이를 주워 화장대 위에 올려둔다. 나도 부서질 수 있어, 외치는 것 같다. 그래, 나도 그러고 싶다. 나도 부서질 수 있어, 그 자리에 가만히 있지 않아. 늘 식구들 손 닿는 곳에 내가 있었다. 식구들이 배고프기 전에 밥 차려내고 기침 몇번에 병원 데려가고 오지 않는 버스 대신 아이를 데리러 가고 뱀 허물처럼 벗어 던진 옷들을 빨고 다림질해 다시 옷장에 넣는다. 그러고도 틈틈이 바깥일을 한다.

언젠가 앓아누웠는데 죽이 먹고 싶었다. 죽조차 내가 해서 먹어야 하는 현실과 맞닥뜨렸다. 자리를 털고 일어나기 위해 몸을 일으켜 죽을 쑤어야 한다는 건 가혹했다. 주부라는 직업의 특성상

어쩔 수 없다는 말은 위로가 되지 않으니 그만두시라.

　나는 새로운 것에 미혹되려 애를 쓴다. 언제 임할지 모를 미혹거리를 찾아 아예 동구 밖에서 헤맨다. 헤매고 있는 사람은 찾는 사람이다. 어서 나타나라 어서 나타나라 주문을 왼다. 내 이름 석 자를 촘촘히 박는 일을 하고 싶다. 엄마나 아내나 주부 같은 보통명사가 아닌, 내 이름을 간판으로 내건 고유명사 카테고리를 만들 테다. 신사임당도 율곡의 어머니로만 살았다면 우리가 이름을 기억했을까. 요즘 사람들이 흠모하는 오만 원의 모델이 되었을까.

　서랍 손잡이도 제 할 일 다 했다고 툭 떨어짐으로 파업을 알린다. 내가 무생물을 따라 하긴 자존심 상한다. 파업이 능사가 아님을 뉴스를 통해 익히 보았다. 일차원적인 파업보다 고차원적인 방식을 택한다. 나도 부서질 수 있다고 소리 없는 첫발을 성큼, 내디딘다.

마음 내기

편지로 만나 편지로 헤어진 사람이 있다. 한 번도 만나지 못했고 목소리도 듣지 못했다. 그래도 우리는 친한 사이였다. 나보다 두 살 많은 언니. 누구나 알만한 잡지에 인간승리 체험수기로 대상을 받은 사람이다. 수기를 읽고 너무나 감동하여 편지했는데 생각지도 않은 답장을 받았다. 정갈한 글씨가 인상적인 편지봉투였다.

봉투에 적힌 반듯한 글씨와는 달리 정작 편지지를 펼치니 삐뚤빼뚤한 글씨가 눈길을 사로잡았다. 한 글자도 제대로 앉아 있지 않았다. 먼 거리를 우표 한 장 믿고 오면서 부들부들 글자들이 떨었던 것일까. 떨리는 목소리가 아니라 떨리는 글자들이었다. 언니는 부자연스러운 몸으로 몇 년 동안 병실을 제집처럼 살았다. 손조차 제대로 부릴 수 없어 종이 위에 글자를 앉히는 게 큰 노동이었다. 편지지만 펼쳐도 그 힘듦이 고스란히 전해져 매번 눈앞이 뿌옇게 흐려졌다.

중학교 수학여행을 갔다가 불의의 사고를 당해 병원 생활이 시작되었다고 한다. 사지가 멀쩡하지 못한 것도 기함할 노릇인데 귀까지 멀어져갔다. 사고 전, 활짝 웃으며 찍은 사진을 병실에 걸어두었더니 다들 누구냐고 묻더란다. 그 일로 얼굴마저 달라졌다. 사진으로 본 언니 얼굴은 예뻤다. 어여쁜 소녀가 웃으니 더 말해 무엇 할까. 귀가 들릴 때 좋아한 노래가 김창완의 '그대 떠나는 날에 비가 오는가'였다. 나도 이 노래를 예전부터 좋아했다. 어느 비 오는 날, 레코드 가게를 지나다 이 노래가 흘러나와 언니 생각에 내 눈에도 비가 내렸던가. 언니는 노래를 좋아한 기억만 아스라이 있는데 나는 이리 듣고 있다니! 기분이 끝 간 데 없이 슬퍼졌다.

　서신 교환은 원활히 이어지지 못했다. 내가 꼬박꼬박 편지하면 언니는 느리게 느리게 답을 했다. 뜸한 그 와중에 몸은 쇠락해져만 갔다. 오랜만에 언니 편지를 받으면 편지지 글씨는 예전보다 종잡을 수 없이 떨리고 있었다. 희한한 일은, 듣고 말하고 달리고 화내고 어디든 갈 수 있는 나지만 네모 상자 안에 사는 언니가 더 밝고 긍정적인 생각의 소유자라는 사실이다. 분명 아우라가 남다른 사람이었다.

　편지는 사람의 성격이 묻어난다. 비록 글씨는 바르르 떨지만, 내용은 더없이 안정적이고 포근했다. 남을 기분 좋게 해 주는 사람이었다. 나를 격려하고 내가 쓴 글에 마음 써주는 공감 능력은 가까이 있는 지인들보다 애틋했다. 우리가 도타운 사이가 된 데는 언니의 친화력 덕분이었다. 이런 과한 사랑을 받는 것이 맞는지 의구심이 들 정도로 살가운 언니였다.

 드물던 편지가 더 소식이 없어 궁금하던 차, 정갈한 글씨의 편지봉투에 편지지 글씨까지 또렷한 편지 한 통이 왔다. 언니 동생이 보낸 부고였다. 언니의 죽음. 떨리는 손이 멈추고 마음으로 듣던 귀도 더는 버티지 못하고 끈을 놓아버린 것일까. 반짝반짝 빛나던 찬란한 빛이 다 사라졌을까. 담담히 언니의 끝을 알리는 동생은 늘 받았던 편지 겉봉의 글씨 주인이었다. 마주 앉아 얘기를 나눈 적도 없고 전화로 목소리조차 들은 적도 없지 않은가. 그런데도 언니의 죽음은 큰 슬픔으로 다가왔다. 병문안 한번 못 가서 미안했다. 답장 올 때까지 손가락 성한 내가 기다리기만 한 것도 후회스러웠다. 동생은 두 사람의 인연에 감사를 전하며 우리 사이에 맺음을 지었다.

 주고받기를 쓸데없이 지켰다. 답장이 없으면 조금 기다렸다 또 보내어도 될 텐데 답장이 올 때까지 기다리기만 했다. 아픈 사람을 상대로 왜 그리 야박했을까. 그저 읽어주는 사람이라 여겨 재미난 이야기로 채워 연거푸 보내어도 되었는데 그걸 놓쳐서 두고두고 한스러웠다. 만남을 귀히 여기고 인연의 끈을 놓지 않은 사람은 내가 아니라 언니였다. 죽어서도 동생을 통해 나에게 답장을 보냈으니.

 나는 한창 사회생활에 재미를 붙이던 이십 대 초반이라 낮에는 일하고 밤에는 친구들과 어울리고 거기다 무얼 배우러 다니기도 하고 봉사활동에도 바빴다. 심심할 겨를 없이 바삐 돌아가는 시절이었다. 내가 어지간히 철이 들었으면 좋았으련만 그러지 못했다. 후회도 반성도 아무짝에 쓸모없었다. 그 자리에 있다고 여기면 다음으로 미룬다. 있음에서 없음으로 바뀌는 것이 한순간임을 망각한다.

시골에 갔다가 어떤 집을 다음에 찾아오려고 위치를 적는데 주소가 잘 보이지 않아 보이는 대로 적어두었다. '모퉁이 돌아서 파란 대문, 집 앞에 경운기, 하얀 개가 묶인 집'이라고 수첩에 적었다. 차일피일 미루다가 갔더니 파란 대문은 여러 집이었고 경운기는 일하러 나가고 하얀 개는 개장수한테 팔아버려 도대체 그 집을 찾을 수 없었다.

그 자리에 있을 거라는 믿음은 맹신에 가깝더라. 사람이든 사물이든 있을 때 할 것을 해야 맞더라. 언니가 있을 때 뭐든 했어야 옳았다. 어려운 일도 아니고 그리 희생정신을 떨쳐야 할 만치 힘들지 않았다. 마음의 문제였다. 마음을 내기만 하면 되는데 만져지지 않는 이 마음을 붙들고 있기는 왜 이리 힘들까.

지인 중에 안부를 유난히 잘 챙기는 사람이 있다. 뜸해지면 어찌 사는지 연락한다. 더없이 반가운 전화나 문자다. 그 덕에 끊어지려는 관계가 이어진다. 뉴스에 내가 사는 지역이 나와서 궁금하더라며 입을 뗀다. 네 머릿속에는 우리 지역 연관검색어로 내가 화면에 뜨냐고 농담했다. 이사 간 친구가 둥지를 옮겨서도 여전히 무탈한지 물어봐 주는 건 어렵지 않다. 금전적인 비용이 거의 들지 않는 요즘이지 않은가. 어렵지 않은 그 일을 친구는 하고 나는 하지 않았다. 친구는 마음을 내고 나는 마음을 내지 않았다.
 언니에게는 평생소원이 누룽지라는 말처럼 겨우 하찮은 내 편지가 기다리는 선물이었겠다. 그게 뭐라고 아꼈을까. 그게 뭐라고 감질나게 했을까. 하여 나 들으라는 소리로 이 글을 쓴다. 누워서 침 뱉기 같아 얼굴에 떨어질 침 걱정에 벌써 찜찜해진다. 있을 때 잘해 후회하지 말고, 나한테는 반성문 같은 노래다. 그만 쓰고 누구에게든 안부 전화를 해야겠다.

재수씨와 운명씨

깨진 접시를 아침에 받았다. 새해를 펼친 지 아홉째 되는 날, 택배로 왔다. 상자를 열어보니 두 동강이 나 있다. '내가 무슨 힘이 있겠어요' 말하는 양 접시를 감싼 스티로폼 봉투는 종잇장처럼 얇다. 접시 보낸 사람이 포장에는 어지간히 숙맥이다. 깨지지 않는 아름다움이라는 코렐 접시도 그 봉투에 담아 보냈다면 아름다움을 잃었을 성싶다.

접시가 깨지면 아무짝에 쓸모없다. 쓰레기로 버리기도 번거롭다. 접시 위에 사과 한 쪽도 못 올리고 쓰레기봉투로 직행한다. 발신처가 개인이 아니라 단체여서 얼마나 다행인지. 개인이 보냈다면 잘 받았다는 단내나는 인사를 하기도 뭣하고 깨져서 왔노라고 이실직고하기도 껄끄러웠겠다.

새해 아홉째 날이면 새 마음 새 뜻으로 올해를 살아보자, 다진 결의가 미열 정도는 남은 때이다. 뼛속 깊이 미신을 밀어내는 편이지만 기분이 유쾌하지 않았다. 접시가 깨진 일은 단순한 사고인데 그 안에 부풀려진 의미를 보탠다. 중요한 일을 치르는 날, 깨진 접시를 받았다면 일이 잘못되리라는 징조가 아닐까 하며 불안하기 짝이 없을 터이다. 마침 일이 틀어진다면 아침에 받은 깨진 접시가 덤터기 쓴다.

어릴 때, 아침 댓바람에 꿈 이야기를 하면 재수 없다면서 아버지가 불같이 성을 냈다. 밥상 모서리에 무심결에 앉았다가 야단맞고 문지방 밟았다고 한 소리 듣고 손톱을 오밤중에 깎는다고 지청구를 듣다가 마저 깎지도 못한 채 시무룩한 얼굴로 잤다.

이런 밑도 끝도 없는 미신을 어른이 되어서 보란 듯이 깡그리 무시하며 살았다. 결혼 날짜는 우리가 맘에 드는 날로 정했다. 날을 받아서 이사 해 본 적도 아이 이름 짓기 위해 작명소를 찾아가는 일도 없었다. 택일은 우리가 택했다. 집안 어디에도 가게에도 차에도 부적이나 묵주나 십자가는 없다. 남들보다 없는 게 많아서인지 나쁜 일도 별로 없다.

재수 없다, 운명이다, 팔자소관이다, 이런 말을 입 밖에 내보지 않았다. 재수가 좋아 어떤 일이 잘된다고 믿지 않아서다. 재수 없어 일이 잘못된다고 판단한 적도 없다. 내 할 도리로 일의 당락이 결정된다고 믿을 뿐이다. 만약, 내가 안 될 운명이라면 노력해도 운명 탓으로 되지 않을 테고 내가 될 운명이면 노력하지 않아도 운명 덕분에 된다는 것인가. 운명이 지배하는 세계라면 우리는 운명의 노예일 뿐이라 삶을 개척한다는 포부는 쓸데없는 공회전이다. 이 무슨 되지도 않는 말들인가. 이따위 운명이라는 가정에서 몇 문장만 지어내도 힘이 빠진다.

'나는 무얼 해도 안 된다, 재수 없게 태어났거든, 이럴 줄 알았어, 내 사주에는 올해는 안 된다고 하더라고' 이런 자충수를 두는 말에는 가슴이 꽉 막혀서 준비한 위로를 슬그머니 닫아버린다. 안 된 이유를 논리적으로 분석하는 게 아니라 재수와 운명 탓으로 돌리기 때문이다. 도피에 가까운 손쉬운 해결책이다. 자신의 미성숙한 능력이나 부족한 노력이 원인이 아니라 재수씨와 운명씨를 범인으로 지목한다.

지금은 4차산업혁명으로 접어든 시대다. 클라우스 슈밥의 '제4차 산업혁명' 책에서는 미래는 누구에게나 기회가 더 많이 주어지는데, 개인의 노력 여하에 달렸다고 한다. '타이밍'과 '기술'과 '역량'만 가지고 있다면 세계 어디서든 혁신을 만들어 낼 수 있단다. 운명이니 재수니 팔자 같은 단어가 끼어들 틈이 없다. 모든 사람이 4차산업혁명에 처한 것이 운명이라면 운명이랄까.

하늘은 스스로 돕는 자를 돕는다는 말은 얼마나 위안이 되는가. 어떤 일을 이루기 위해 자신이 기울인 노력이 으뜸이고 보너스로 '옜다, 선물이다'라며 하늘에서 돕는다는 뜻이다. 우리도 간절히 노력하는 사람을 보면 절로 밀어주고 끌어주고 싶어 마음을 연다. 뉴스 기사를 통해 온 영혼을 다해 노력해도 목표에 닿지 않는 안타까운 사연이 나오면 여기저기서 손을 뻗는다. 굳이 하늘까지 끌어들일 까닭이 없다. 땅에도 돕는 손길은 결코, 짧지 않다.

어딘가 있을 문을 열고자 벽을 만진다면 닫힌 벽 어딘가를 두드릴 수 있다. 그건 이미 벽이 아닌 문이 되어있음을 알아서다. 벽에 부딪힐지 문을 열고 나갈지 선택해야 한다. 운명이라 느끼는 벽을 기회라는 문으로 승화시킬 수 있다. 전화위복은 자신이 창조해 내야 할 작품이다. 깨진 접시를 받았으나 올해 깨질 만큼 어려운 일은 없었다. 어쩌면 있었는데 벽을 더듬어 문을 열었는지 모르겠다. 나는 벽 하나에 문 하나, 세트로 맞춰 내보내는 게 세상 이치라 믿는다.

담쟁이는 벽이 아무리 높아도 타고 오른다. 야금야금 올라간다. 위로 오르다 장애물이 있으면 장애물조차 감싸고 오르든지, 우회도로를 가더라도 기어이 오른다. 초록 담쟁이에 전복당한 담벼락을 보고 있노라면 푯대만 보고 달리는 우직함이 느껴진다. 나는 언제 그리 달려보았던가. 목표를 위해 언제 그토록 힘내 보았던가. 촘촘히 드리운 노력의 증표인 담쟁이잎들을 보며 새삼 내가 걸어온 발자국을 되짚어보았다.

벽을 감싸는 담쟁이처럼 내 안에 있는 못난 사람을 인정하고 보듬을 줄 안다면 운명씨와 재수씨는 몇 번 옆구리를 찌르다가 지쳐 돌아갈 것이다. 돌밭도 개척하면 기름진 땅이 되어 콩도 나고 팥도 난다. 접시가 깨졌으면 다른 접시에 사과를 깎아내서 우적우적 맛있게 먹으면 그만이다.